Quick Guide

Quick Guides liefern schnell erschließbares, kompaktes und umsetzungsorientiertes Wissen. Leser erhalten mit den Quick Guides verlässliche Fachinformationen, um mitreden, fundiert entscheiden und direkt handeln zu können.

Weitere Bände in der Reihe https://link.springer.com/bookseries/15709

Michael Witzenleiter

Quick Guide A/B Testing

Wie Sie Ihr Website- und
E-Commerce-Testing erfolgreich
auf- und umsetzen

Michael Witzenleiter
Offenburg, Deutschland

ISSN 2662-9240   ISSN 2662-9259   (electronic)
Quick Guide
ISBN 978-3-658-34648-5   ISBN 978-3-658-34649-2   (eBook)
https://doi.org/10.1007/978-3-658-34649-2

Die Deutsche Nationalbibliothek verzeichnet diese Publikation in der Deutschen Nationalbibliografie; detaillierte bibliografische Daten sind im Internet über http://dnb.d-nb.de abrufbar.

Planung/Lektorat: Rolf-Günther Hobbeling
Springer Gabler ist ein Imprint der eingetragenen Gesellschaft Springer Fachmedien Wiesbaden GmbH und ist ein Teil von Springer Nature.
Die Anschrift der Gesellschaft ist: Abraham-Lincoln-Str. 46, 65189 Wiesbaden, Germany

Vorwort

Liebe A/B-Testinteressierte,

bevor ich zum Thema A/B-Testing kam, war ich bereits acht Jahre lang im Onlinemarketingbereich tätig, habe so gut wie jede Disziplin schon kennengelernt, Kampagnen betreut sowie kleine und große Teams bei kleineren bis großen Kundenprojekten gesteuert. Unser Schwerpunkt war: Performance-Marketing, also die erfolgsbasierte Aussteuerung von Kampagnen. Zu der Zeit empfand ich das als bestmögliches Modell für unsere Firma und den Kunden. Man bezahlt nur, wenn die Werbeleistung wirklich ihre Wirkung gezeigt hat, der Kunde also letztendlich gekauft hat oder sich, für was auch immer, angemeldet hatte. Für uns war es ein enorm motivierender Anreiz, schließlich bekamen wir unsere Provision nur, wenn die Kampagne für den Kunden auch funktioniert hatte.

Allerdings stieg mit der Vielzahl an Kundenprojekten auch häufig unsere Frustration. Wir haben die Kampagnen perfekt auf die Vorteile des Produkts ausgesteuert, uns stundenlang zu den passenden Zielgruppen den Kopf zerbrochen. Wir hatten die cleversten und besten Bietverfahren im Einsatz, um exakt die Zielgruppe für das Produkt zum bestmöglichen Preis zum bestmöglichen Zeitpunkt anzusprechen und über unsere Werbemittel auf die Seiten des Kunden führen zu können. Doch obwohl wir alles auf Basis perfekt optimierter Prozesse ausgesteuert hatten, wollten manche Kampagnen einfach keine Bestellungen oder Anmeldungen generieren. Dies war der Zeitpunkt, zu dem ich anfing, mich stärker mit dem Thema A/B-Tests zu beschäftigen. Denn wenn es nicht an den Besuchern lag, dass die Kampagne nicht funktionieren wollte, musste es an der Webseite selbst liegen. Was also musste man verändern, um die Webseiten und Shops selbst so zu optimieren, dass die passenden Besucher dort einkauften oder andere vorher gesteckte Ziele erreichten?

Zunächst einmal fand ich heraus, dass es für das Thema eine Vielzahl unterschiedlicher Begrifflichkeiten gab: A/B-Test, A/B-Testing, Webseiten-Testing, (Online-)Testing, (Online-) Experimente, Experimentation ... Doch egal welche Begrifflichkeit man fand, das Grundprinzip dahinter war immer das Gleiche: anhand eines strukturierten und auswertbaren Testansatzes die bestmögliche Variante eines Elements oder einer Webseite finden und diese über einen mehrstufigen Testansatz über viele Testzyklen so optimieren, dass am Ende eine bestmögliche Version zustande kommt. Aufgrund der vielen unterschiedlichen Begrifflichkeiten möchte ich mich auf den folgenden Seiten auf eine einheitliche Formulierung festlegen und von A/B-Tests vordergründig sprechen, auch wenn damit auch umfangreichere Tests als solche Tests mit nur zwei Varianten gemeint sind. Ähnlich wie die Marke Tempo im umgangssprachlichen Gebrauch für die ganze Gattung von Papiertaschentüchern verwendet wird, werde ich auch A/B-Tests als Gattungsbegriff für eine Vielzahl von digitalen Experimenten gebrauchen.

Als ich mich stärker mit der Thematik beschäftigte, fand ich heraus, dass bereits Barack Obama, der frühere amerikanische Präsident, verstärkt auf A/B-Tests setzte, um Spendengelder für seinen Wahlkampf zu generieren. Dies war so erfolgreich, dass auch seine Präsidentschaftsnachfolger nicht nur sehr viel Budget in Onlinewerbung investierten, sondern explizit auch stark auf das Thema A/B-Testing in ihren Wahlkampfteams setzten (Abb. 1).

Abb. 1 Beispiel eines Button-Tests im Obama-Wahlkampf 2008. (Quelle: blog. optimizely.com)

Was mich an diesem Ansatz faszinierte, war, mit wie wenig Mitteln Obama durch diese Tests stolze 60 Mio. Dollar Spendengelder einsammeln konnte (Siroker, 2020). Das Prinzip war einfach: durch sogenannte multivariate Tests möglichst viele Veränderungen auf den Spendenseiten parallel zu testen, bis die bestmögliche Variante dazu identifiziert werden kann.

War dieser Ansatz auch die Lösung meines Problems der ineffizienten Kampagnen? Es dauerte nicht lange, bis ich meine ersten A/B-Tests anhand einer A/B-Testing-Lösung durchführte. Und was soll ich sagen? Ich war begeistert. Über einige wenige Optimierungen schafften wir es, für einen Reiseshopping-Club eine Conversion Rate (also eine Wandlungsrate für die Anmeldungen auf der Seite) von über 42 % zu erreichen. Dies war der Grundstein meiner Faszination für das Thema A/B-Testing, das mich bis heute nicht mehr loslässt. Es war auch der Beginn einer Reise, die mich von einer Performancemarketingagentur zu einem Toolanbieter und nun zu meinem eigenen Technologiehub für Optimierungstechnologien führte.

Als ich mich damals in das Thema einarbeiten wollte, war es recht beschwerlich, da es nur ein paar wenige englischsprachige Bücher, dafür aber eine schier unendliche Anzahl an Onlinequellen gab, in denen man sich eher verlor als strukturiert vorankam. Dieser Quick Guide soll aus meiner Sicht ein Buch sein, das ich mir damals gewünscht hätte, eine schnelle und doch breite Einführung in das Thema. Leicht verständlich und praxisnah übertragbar. Ich hoffe, Ihnen mit diesem Anspruch gerecht werden zu können.

Das Thema A/B-Testing ist aus meiner Sicht eines der vielschichtigsten Themen, das man sich im digitalen Bereich aneignen kann – auch nach über sieben Jahren in diesem Bereich lerne ich noch täglich etwas dazu. Jeder A/B-Tester kann das Thema mit einem anderen Schwerpunkt interpretieren, sei es aus dem Blickwinkel der Statistik, der Webanalyse, der Verkaufspsychologie oder der Technik. Daher ist es auch nicht einfach, jeder Anspruchsgruppe mit einem Buch gerecht zu werden. Mein Anspruch mit diesem Buch ist es, Ihnen einen allgemeinen Überblick und eine praxisnahe Einführung in das Thema zu geben, um idealerweise eine ähnliche Leidenschaft für das Thema zu entfachen, die auch mich seit langem antreibt. Auch fortgeschrittene A/B-Tester dürften in diesem Buch noch den einen oder anderen Denkanstoß bekommen. Auf Grund der Komplexität des Themas und auch des Umfangs werden viele Bereiche für den einen oder anderen einer Vertiefung benötigen. Ich hoffe, Ihnen über die Quellen weiterführende Literatur liefern zu können, wenn Sie zum Beispiel in das Thema Statistik oder Verkaufspsychologie weiter einsteigen möchten.

A/B-Tests werden in der Forschung und Entwicklung von technischen Berufsfeldern genauso verwendet wie in der Medizin oder der Verkehrstechnik. Dieser Guide spezialisiert sich ausschließlich auf die Verwendung von A/B-Tests im digitalen Bereich, zum Beispiel im Rahmen von Webseiten und digitalen Applikationen (Apps). Auf Grund meines beruflichen Hintergrunds ist dieser Quick Guide neben der Spezialisierung auf den Bereich der Webseiten und Apps auch ganz speziell auf die Fragestellung des Einsatzes im Rahmen der Conversion-Optimierung zugeschnitten, die sowohl in einem eigenen Kapitel eine Rolle spielt, aber auch in anderen Kapiteln immer wieder Bezüge und Rückschlüsse auf das Thema zulässt.

In den letzten Jahren durfte ich zusammen mit meinem Conversion-Optimierungsteam mehrere tausend A/B-Tests für unsere Kunden planen, konzeptionieren, umsetzen und auswerten. Dabei konnte ich sowohl sehen, wie kleine Veränderungen riesige Auswirkungen auf die Hauptmetriken unserer Kunden hatten, aber auch manch große Veränderung keine bis negative Einflüsse auf die Ziele des Kunden brachte. Obwohl natürlich die Mehrheit unserer Projekte ein positives Ergebnis hatte, fällt es mir zunehmend schwerer, mit allgemeinen Glaubenssätzen und universell anwendbaren Use Cases, die bei jedem Kunden garantiert eine Erfolgssteigerung versprechen, zu operieren. Vielmehr habe ich gelernt, dass individuelle Problemlösungen für konkrete Herausforderungen des Kunden im Kontext seiner Zielgruppe, deren Erwartungen und Bedürfnisse sowie seiner Produkte am sinnvollsten für das Finden von testenswerten Hypothesen sind. Daher vermeide ich es weitestgehend, Ihnen in diesem Quick Guide einen Bauchladen an Best Practices und Must-have-Projekten aus dem Bereich A/B-Testing zu präsentieren. Viel mehr möchte ich Ihnen über verkaufspsychologische Modelle, passende Frameworks und Projektmanagementtipps dabei helfen, eine Testing-Kultur in Ihrem Unternehmen zu schaffen, die aus sich heraus passende Testansätze für Ihre konkreten Herausforderungen generiert. Dabei lernen Sie von wahren Conversion-Experten wie Widerfunnel, konversionsKRAFT und ConversionXL genauso wie von erfolgreichen Unternehmen wie IBM und Booking.com, die es für sich geschafft haben, eine erfolgreiche Testing-Kultur zu entwickeln, die ihnen einen nie enden wollenden Fundus an Testansätzen liefert, und sie auch unter anderem deshalb zum Marktführer ihrer Branche machten.

Der Quick Guide ist didaktisch wie folgt aufgebaut:

1. Zum Beginn beschäftigen wir uns im Kapitel **„Einführung in A/B-Testing"** mit den Grundprinzipien und Zielen des A/B-Testings und lernen, welche Teststrategien und Quellen für Ihre individuellen Testherausforderungen wichtig sein können.

2. Nach der strategischen Klärung des Begriffs beschäftigt sich das Kapitel **„Implementierung von A/B-Tests"** mit der Frage, wie man operativ an das Thema herangeht. Dabei spielt die Frage, was

man testen sollte ebenso eine Rolle wie das Vorgehen anhand einer Testing-Roadmap und die Herausforderung des Aufsetzens eines Testing-Zyklus.

3. Das darauffolgende Kapitel **„Quellen zur Generierung von A/B-Testideen"** handelt von den unterschiedlichen Quellen im Unternehmen, die man zur Generierung von Ideen heranziehen kann.

4. Wie wichtig die Zielgruppe für einen A/B-Test ist, spielt im Kapitel **„Zielgruppen"** eine Rolle, das sich sowohl mit Segmentierungen, dem richtigen Targeting wie auch dem Thema Personalisierung beschäftigt.

5. Des einen Freud, des anderen Leid. Dieses Motto passt wohl auf kein Kapitel so gut wie auf das darauffolgende Kapitel zum Thema **„Statistik-Basiswissen – einfach und verständlich"**. Darin wird jedoch keine statistische Abhandlung, sondern eher eine praktische Einführung der wichtigsten Begrifflichkeiten und Prinzipien geboten, die man im A/B-Testing kennen sollte.

6. „A Fool with a tool is still a fool". Diesen Spruch hört man des Öfteren unter IT-Fachleuten. Doch ganz ohne Tool geht es leider im Testing auch nicht. Wir beschäftigen uns daher im Kapitel **„Aufbau individueller Lösungen und Auswahl von A/B-Testing-Tools"** mit der Frage, ob eine selbstgestrickte Lösung für Sie besser geeignet ist oder die Miete einer spezialisierten Software-as-a-Service (SaaS)-Lösung. Wir stellen uns die wichtige Frage, welche Kriterien bei der Auswahl der passenden Technologie eine Rolle spielen, und finden dafür konkrete Antworten.

7. Ein entscheidender Faktor für den langfristigen Erfolg ist es, eine spezielle Testing-Kultur im Unternehmen schaffen zu können. Das Kapitel **„Aufbau einer Testing-Kultur"** beschäftigt sich explizit damit, welche Anforderungen eine offene Testing-Kultur an Unternehmen stellt und aus welchen Rollen das ideale A/B-Testteam bestehen sollte.

8. Eines der umfassendsten Kapitel dieses Buches bildet das Kapitel **„A/B-Testing in der Conversion-Optimierung",** das sich mit der Wahl des richtigen Testing-Frameworks, den verkaufspsychologischen Grundlagen der Conversion-Optimierung sowie der richtigen Datenauswertung beschäftigt.

9. Wohin die zukünftige Reise im A/B-Testing geht und welche drei Trends dort vorherrschen, damit beschäftigt sich das Kapitel „**Die Zukunft des A/B-Testings**", das die Themen Fullstack-Testing, Künstliche Intelligenz und Datenschutz genauer unter die Lupe nimmt.
10. Teure Fehler gibt es bei A/B-Tests zu genüge. Im Kapitel „**Zehn häufige Fehler bei A/B-Tests**" möchte ich Ihnen die gängigsten Fehlerquellen vorstellen und Sie damit hoffentlich davor bewahren, in diese Fettnäpfchen zu treten.
11. Den Abschluss bildet das „**Fazit**", in dem ich die Themen noch einmal zusammenfasse und einen Ausblick auf neue Aspekte des Themas gebe.

Ich hoffe, Ihnen auf den folgenden Seiten eine abwechslungsreiche und informative Einführung bieten zu können. Trotz meiner Biographie und der Beschäftigung bei einem Testing-Anbieter hoffe ich auch, Ihnen das Thema so objektiv möglich in all seinen Facetten auf den nächsten Seiten näherbringen zu können.

Ich wünsche Ihnen viel Spaß bei der Lektüre.

Mit freundlichen Grüßen aus dem Schwarzwald

Michael Witzenleiter

Literatur

Siroker, D. (2020). *How Obama raised $60 million by running a simple experiment|optimizely blog.* Optimizely. https://blog.optimizely.com/2010/11/29/how-obama-raised-60-million-by-running-a-simple-experiment/. Zugegriffen: 26. Mai 2021.

Inhaltsverzeichnis

Über den Autor

Michael Witzenleiter ist Geschäftsführer Deutschland des führenden A/B-Testing-Tools Kameleoon und Gründer des Beratungshauses Conversion Maker. Er blickt auf über zehn Jahre Conversion-Optimierungserfahrung und mehr als 200 Kunden im Bereich A/B-Testing zurück. Michael Witzenleiter besitzt einen International Executive MBA der Universität St. Gallen und lehrt als Dozent diverse Digital Analytics Themen seit über zwölf Jahren.

Abbildungsverzeichnis

1

Einführung in A/B-Testing

Zusammenfassung Dieses Kapitel erklärt das Grundkonzept und wichtige Begrifflichkeiten des A/B-Testings, um ein Verständnis für seine Bedeutung im Rahmen speziell der Conversion-Optimierung zu vermitteln. Dabei stehen die möglichen Ziele des A/B-Testings im Vordergrund, wie auch die Wahl der passenden KPI (Key Performance Indicators), um die Zielerreichung messen zu können.

Was Sie aus diesem Kapitel mitnehmen

- Sie lernen, was A/B-Tests mit Skorbut zu tun haben,
- welche Arten von Tests es gibt,
- was das Ganze mit Ihren Unternehmenszielen zu tun hat und wonach sich die einzelnen Branchen unterscheiden,
- Sie lernen, was Makro-Conversions und Mikro-Conversions sind und warum Sie nicht auf Vanity-Metriken hereinfallen sollten.

© Der/die Autor(en), exklusiv lizenziert durch Springer Fachmedien Wiesbaden GmbH, ein Teil von Springer Nature 2021
M. Witzenleiter, *Quick Guide A/B Testing*, Quick Guide,
https://doi.org/10.1007/978-3-658-34649-2_1

1.1   Was ist ein A/B-Test?

„Experimentieren ist ein spezifischer Prozess, der angewendet wird, um den Effekt von neuen Ideen zu messen. Zu den Experimentier- oder Testing-Methoden zählen rein informelle Meinungsumfragen bis hin zu stark strukturierten, kontrollierten wissenschaftlichen Experimenten. Dazwischen liegen natürlich viele abgestufte Variationen." (Chris Goward, CEO Widerfunnel).

Spätestens mit Erwerb dieses Buchs werden Sie sich mit der Frage beschäftigt haben: Was ist denn ein A/B-Test? Unter einem A/B-Test oder auch Split-Test versteht man eine Testmethode zur Bewertung zweier Varianten (Wikipedia, o. J. a.). Was sich in der Theorie sehr nüchtern als simpler Test zweier Varianten anhört, kann sich für Sie oder Ihr Unternehmen als entscheidender Erfolgsfaktor gegenüber Ihrem Wettbewerb entpuppen. Denn hinter dieser Methodik verbirgt sich ein revolutionärer Ansatz in der Entscheidungsphilosophie für Sie persönlich oder Ihr Unternehmen: Die Abkehr vom Bauchgefühl bei der Entscheidungsfindung hin zu einem testbasierten Ansatz, bei dem Entscheidungen nur noch auf Basis der Reaktion der Zielgruppe ablaufen. Dieser iterative Ansatz, bei dem man sich über eine Vielzahl von Tests immer näher an die Bedürfnisse und Wünsche der Zielgruppe annähert, kann als einer der zentralen Erfolgsfaktoren von Unternehmen wie Amazon oder Google gelten, die eine tief verankerte sogenannte „Testing-Kultur" prägen und damit als absolute Referenzgrößen im Bereich Usability und Kundenorientierung gelten.

Für die Entscheidungsfindung spielen damit nur die Ergebnisse von A/B-Tests eine Rolle, nicht Hierarchien, Annahmen oder Vermutungen. Was nicht getestet und damit bewiesen oder widerlegt wurde, gilt lediglich als persönliche Meinung. Dieser radikale Wandel weg von Hierarchien und Kopfmonopolen, hin zu einer Trial-and-Error-Kultur kann als Fortführung dieses Testing-Gedankens verstanden werden. Der Fokus dieses Guides liegt auf dem Thema A/B-Testing im Rahmen der Optimierung von Webseiten und anderen digitalen Medien und Produkten. Das Grundprinzip dahinter geht auf eine Publikation von James Lind aus dem Jahre 1753 zurück, der mit dem Werk „A

Treatise of Scurvy" nicht nur die Prävention von Skorbuterkrankungen erforschte, sondern auch gleichzeitig den Grundstein für das Prinzip des A/B-Testings legte. (Lind, 2020). Lind ging dabei ähnlich vor wie moderne Marketer, die einen A/B-Test durchführen möchten. Er teilte eine Mannschaft von an Skorbut erkrankten Seeleuten in mehrere gleichgroße Gruppen ein und gab einer dieser Gruppen täglich eine Zitrone und zwei Orangen. Diese Gruppe machte erstaunliche Fortschritte in ihrer Genesung, wodurch er den Nachweis erbrachte, dass damit eine Behandlung Infizierter zu empfehlen ist. Heute wissen wir um die positiven Effekte von Vitamin C in der Prävention und Behandlung von Skorbut.

Ähnlich verhält sich auch der Einsatz von A/B-Testings im Bereich der Webseitenoptimierung, bei der gleich großen Zielgruppen unterschiedliche Varianten mit einer oder mehreren Veränderungen im Vergleich zur ursprünglichen Referenzversion angezeigt werden, um so die besser funktionierende Variante anhand vorher definierter Messgrößen zu identifizieren. (vgl. Abb. 1.1).

Häufig wird A/B-Testing synonym zum Begriff „Website-Testing" verwendet, unter dem neben dem klassischen A/B-Test in der Regel noch weitere Variations- und Testing-Konzepte gefasst werden.

1.1.1 A/B/n-Testing

Testet man mehr als zwei Versionen gegeneinander, spricht man häufig vom Begriff des A/B/n-Testings. Wobei „n" für eine beliebige Variantenanzahl steht. Auch hier wird der Traffic zwischen den Varianten zufällig verteilt, und in der Regel sollte darauf geachtet werden, dass sich die Varianten nur durch ein verändertes Merkmal unterscheiden. Da sich die Testlaufzeit mit jeder weiteren Variante verlängert (mehr dazu in Abschn. 7.2), sollte man abwägen, ob man stattdessen nicht mehrere A/B-Tests als Alternative dazu durchführt, bei denen dann immer die Gewinnervariante gegen eine neue Variante antritt. Dies nennt man auch *Wasserfallmodell* oder *kaskadierendes Testing*. Ein klassischer Verwendungsfall von A/B/n-Testing sind beispielsweise Farbtests für Buttons oder andere Call-to-Action-Elemente. (siehe Abb. 1.2) Ein

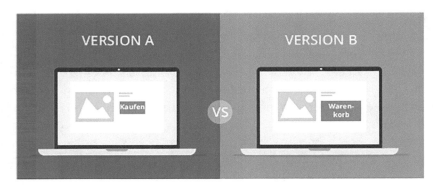

Abb. 1.1 Visuelle Darstellung eines A/B-Tests. (Quelle: Eigene Darstellung)

Abb. 1.2 Beispiel eines A/B/n-Tests für Buttonfarben. (Quelle: Eigene Darstellung)

A/B/n-Test bietet als Vorteil gegenüber dem kaskadierenden Testing, dass man nicht nur die besten Varianten, sondern auch die am schlechtesten funktionierenden Varianten identifizieren kann.

1.1.2 Multivariates Testing

Multivariate Tests unterscheiden sich dadurch gegenüber A/B/n-Tests, dass damit mehrere Variablen gleichzeitig verändert werden. Man möchte damit explizit herausfinden, welche Variablenkombination das beste Ergebnis liefert. So könnte man beispielsweise zwei Textvarianten des

„Call-to-Action"-Buttons gleichzeitig mit den vier Farbvarianten testen, wodurch sich acht mögliche Kombinationen ergeben (siehe Abb. 1.3). Auf diese Weise lassen sich leicht Zusammenhänge und Abhängigkeiten identifizieren. Nachteilig ist jedoch, dass man zur Durchführung von Multivariatentests in der Regel sehr große Besuchermengen benötigt, weshalb das Konzept in der Regel nur bei sehr stark frequentierten Webseiten eine adäquate Methodik ist. Die Menge der möglichen Testvarianten lässt sich über folgende Formel einfach berechnen:

Anzahl Varianten Element A $\times$ Anzahl Varianten Element B $\times$
Anzahl Varianten Element C ... $=$ Gesamtanzahl der Varianten

Abb. 1.3 Beispiel eines Multivariatentests für Buttonfarben und Texte. (Quelle: Eigene Darstellung)

1.2   Ziele von Teststrategien

Ihre A/B-Teststrategie sollte als Basis die Analyse zweier Zielsysteme beinhalten: die Unternehmensziele, die die interne Sicht auf das Thema widerspiegeln, und die Userziele, die die externe Sicht in Form der Kundenperspektive repräsentieren. Eine glückliche und langfristige Kundenbeziehung beginnt, wenn sich diese Ziele überschneiden, was häufig im Moment der Conversion, also im Moment der Bestellung passiert. Typische Unternehmensziele können sein:

- **Wirtschaftliche Ziele:** Umsatzziele, Ertragsziele, Marktziele, Leistungsziele …
- **Soziale Ziele:** Kundenzufriedenheit, Kundenlebensdauer, Wieder-empfehlungsrate, Markenbekanntheit, Differenzierung vom Wett-bewerb …

Während Nutzer von Webseiten häufig folgende Ziele haben:

- **User-Journey-Ziele:** Informationssuche, Konsum von Inhalten, Kauf von Produkten/Dienstleistungen, Empfehlung …
- **Customer-Lifetime-Ziele:** Kundenzufriedenheit, regelmäßige Information, problemlose Abwicklung, Support, After-Sales-Service …

Die beiden Zielsysteme dienen als gute Grundlage zur Festlegung daraus ableitbarer Webseitenmetriken, z. B.: Umsatz, Umsatz pro Besucher, Conversion Rate, Absprungrate, Wiederkaufrate, Empfehlungsrate …

In Abb. 1.4 lassen sich die wichtigsten Ziele pro Branche auf einen Blick identifizieren:

Darüber hinaus lassen sich anhand der Ziele der Nutzer auch deren typische Nutzerpfade, auch Customer Journeys genannt, nachvoll-ziehen. Dieser aus dem Design Thinking stammende Ansatz versucht Kundenbedürfnisse im Kontext des Bedürfnisfeldes zu erkennen und zu verstehen (Gabler Wirtschaftslexikon, o. J. a. a). Anhand dieser Pfade

Webseiten-Kategorie	Key-Performance Indicator
E-Commerce-Webseite	- Bestellungen
	- Umsatz
	- Conversion Rate allgemein
	- Funnel-Conversion Rate
	-Warenkorbeinstiege
	- Umsatz pro Nutzer
Medien oder Content-Seiten	- Artikelaufrufe
	- Absprungrate
	- Verweildauer
	- eCPM: effektiver Umsatz pro Tausendaufrufe
Leadgenerierung	- Abschlüsse
	- Lead-Conversion Rate
	- Einstiege in Formular
	- Formularabbruchrate

Abb. 1.4 Mögliche Key Performance Indicators. (Quelle: Eigene Darstellung in Anlehnung an Siroker & Koomen, 2015)

von Vorkaufphase, Kauf und Nachkaufphase kann man nicht nur Rückschlüsse auf deren Bedürfnisse und potenzielle Erfolgsmetriken ziehen, sondern erlangt auch Ansatzpunkte für mögliche Optimierungen.

Speziell im Onlinebereich spielt dabei auch der Punkt Convenience eine wichtige Rolle. Auch wenn es wie ein abgedroschener Spruch klingt, aber online ist der Wettbewerber eben nur einen Klick weit entfernt. Dies erklärt unter anderem, warum die durchschnittliche Wandlungsrate von Besuchern im Onlinebereich nur bei rund 2–3 % (Keyperformance, 2021) liegt, während stationäre Geschäfte etwa das Zehnfache an Conversion Rate ihrer Besucher haben. Eine gute User Experience kann dort ein wichtiges Differenzierungsmerkmal sein, um gegen eine Vielzahl an Konkurrenten bestehen zu können.

1.3   Die Wahl der richtigen KPI

Unter Key Performance Indicators versteht man die für den Unternehmenserfolg relevanten leistungsbezogenen Kennzahlen (Gabler Wirtschaftslexikon, o. J. a. b). Um die Erfolge von A/B-Tests messen zu können, empfiehlt sich in der Regel die Verwendung mehrerer Kennzahlen, da eine Fokussierung auf eine Kennzahl meist kein umfassendes Bild von der Performance eines Tests gibt. So könnte es beispielsweise passieren, dass ein Test, der ein neues Newsletter-Overlay im Shop vertestet, zwar eine deutliche Steigerung der Newsletteranmeldungen über dieses Overlay verzeichnet, gleichzeitig aber die Bestellrate dadurch nach unten geht oder der Umsatz sich negativ entwickelt. Dies passiert des Öfteren, wenn die Anmeldung mit Incentives wie Gutscheinen oder Rabatten verknüpft wird. Daher ist eine Erfassung aller relevanten KPI bei einem A/B-Test eine wichtige Voraussetzung, um ein objektives und klar deutbares Ergebnis zu liefern.

Makro-Conversions, Mikro-Conversions und Vanity-Metriken
In der Praxis empfiehlt sich die Zielunterscheidung nach Makro-Conversions, also Hauptmetriken, die direkt von den Unternehmenszielen abgeleitet sind und Mikro-Conversions, von der Makro-Conversion abgeleitete Nebenziele sind. So könnte eine Mikro-Conversion der Einstieg in den Bestellprozess sein und die Kauf-Conversion-Rate die dazugehörige Makro-Conversion. Dieses Konzept geht auf den Digital-Marketing-Autor Avinash Kaushik zurück (Siroker & Koomen, 2015). Dieser Ansatz ist vor allem vor dem Hintergrund sinnvoll, dass ein Einflussfaktor für die Testperformance auch die Anzahl der Schritte in der Customer Journey, die zwischen Veränderung und Zielerreichung liegt, sein kann. In Abb. 1.5 wird dieser Zusammenhang an einem Beispiel verdeutlicht.

Nehmen wir an, wir würden einen Test auf der Startseite durchführen, beispielsweise den Test eines neuen Call-to-Action-Buttons „Zum Produkt". Wie wir in der Abbildung sehen, würde die Customer Journey bis zum Erreichen des Makro-Conversion-Ziels Bestellung ab der Mikro Conversion 1 noch aus mindestens 5 Schritten bestehen. Je mehr Schritte dazwischen liegen, desto mehr Einflussfaktoren bestehen, die zu Absprüngen und daher Nicht-Abschluss des Ziels führen können. Würden wir den Testerfolg nur anhand dieser Metrik messen, bräuchten wir auf Basis der geringen Fallzahl an Bestellabschlüssen daher auch eine deutlich längere Testdauer, bis der Test ein

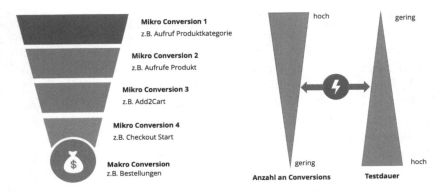

Abb. 1.5 Zusammenhang zwischen Mikro- und Makro-Conversions. (Quelle: Eigene Darstellung)

signifikantes, also nachweisbares Ergebnis liefert, wie in der Abbildung veranschaulicht wird. Zudem besteht bei diesem Fall auch die Gefahr, dass der Einfluss der Veränderung auf das Gesamtergebnis geringer wird, je mehr Schritte dazwischen liegen. Daher erscheint es sinnvoll, auch Zwischenschritte als Ziele zu definieren, zum Beispiel den Aufruf der Produktkategorieseite oder der Add2Cart, also das Hinzufügen des Produktes zum Warenkorb. In diesem Fall spricht man von sogenannten Mikro-Conversions (Siroker & Koomen, 2015). Die Arbeit mit den Mikro-Conversions sorgt nicht nur dafür, dass man schneller signifikante Ergebnisse für diese Ziele erhält, sondern auch dazu, dass man den Einfluss der Veränderung auf diese Variablen sieht und so weitere Ansätze für Optimierungen bekommt. Beispielsweise indem man sich die Frage stellt, wieso die neue Variante zwar zu mehr Einstiegen in den Warenkorb geführt hat, aber zu deutlich weniger Kaufabschlüssen. In der Praxis arbeitet man im Testing daher meist mit einer Kombination von Mikro- und Makro-Conversions. So misst man einerseits die relevante Hauptkennzahl (z. B. Bestellabschlüsse, Umsatz etc.), erhebt aber andererseits auch 4–5 Mikro-Conversions, also Nebenkennzahlen, die Rückschlüsse auf Teilziele anhand der Customer Journey liefern. Dabei sollte man jedoch darauf achten, dass man nicht auf sogenannte *„Vanity-Metriken"* reinfällt. Das sind Metriken, die zunächst einen glänzenden Eindruck machen, aber keine Auswirkung auf die Hauptmetrik haben und daher bedeutungslos sind (Siroker & Koomen, 2015). Ein Beispiel hierfür sind Klicks auf Produktfotos. Ein A/B-Test auf einer Produktdetailseite könnte beispielsweise auch die Klicks auf Produktbilder miterfassen. Diese Metrik kann eine Bedeutung innerhalb der Customer Journey haben, wenn eine direkte Korrelation zwischen Klicks auf Produktfotos und dem Hinzufügen der Produkte zum Warenkorb vorliegt (Mikro-Conversion), bzw. auf die Bestellung als solche (Makro-Conversion) bestünde. Da diese Aktion aber viele unterschiedliche Gründe haben kann, die nicht unmittelbar mit dem Kauf zusammenhängen – zum Beispiel ist eine Tabelle als Bild mit eingefügt, die unscharf oder zu klein ist – dann werden sehr viele Nutzer darauf klicken, um sie lesen zu können. Es ist jedoch die Gefahr groß, dass man hier auf eine sogenannte Vanity-Metrik hereinfällt. Man sollte sich daher bei jeder Metrik fragen, ob sie entweder direkt die Hauptmetrik (Makro-Conversion) ist, oder in unmittelbarem Zusammenhang zu ihr steht (Mikro-Conversion). Ist beides nicht der Fall, ist meine Empfehlung, diese Metrik auch nicht im A/B-Test zu erfassen. Positiver Nebeneffekt, wenn man die Anzahl der gemessenen Metriken begrenzt: man behält im späteren Reporting des A/B-Tests den Überblick.

Fazit

A/B-Tests können hilfreiche Antworten auf Ihre Unternehmensfragen liefern, sofern Sie mit Ihren Unternehmenszielen übereinstimmen und Sie die passenden Metriken dafür wählen. Je nach Testgegenstand macht die Durchführung von Tests mit mehr als zwei Varianten Sinn, sorgt jedoch auch für eine längere Testlaufzeit. Ein guter Weg, dies zu kompensieren, ist der Einsatz von Mikro-Conversions, also Unterzielen, die sich aus den dazugehörigen Makro-Conversions, Hauptzielen, ableiten. Vermeiden Sie, so gut es geht, den Einsatz von Vanity-Metriken, die für Ihre Zielerreichung keine Rolle spielen, und führen Sie multivariate Tests nur bei entsprechender Traffic-Menge und Fragestellung durch.

Ihr Transfer in die Praxis

- Machen Sie sich bewusst, welche Ziele Sie als Unternehmen verfolgen, was Ihre Nutzer möchten und welche Kennzahlen für Sie erfolgskritisch sind.
- Wählen Sie Ihre Kennzahlen auf Basis einer Unterscheidung nach Mikro-Conversions, Makro-Conversions – seien Sie bei Vanity-Metriken zurückhaltend.
- Bedenken Sie bei der Wahl Ihrer Testmethode, was Sie testen möchten und welche Aussagen Sie nach dem Test treffen möchten.
- Vermeiden Sie bei wenig Traffic die Durchführung von multivariaten Tests.

Literatur

Gabler Wirtschaftslexikon. (o. J. a. a). Customer-journey-prozess. https://wirtschaftslexikon.gabler.de/definition/customer-journey-prozess-100259. Zugegriffen: 15. Apr. 2021.

Gabler Wirtschaftslexion. (o. J. a. b). Key performance indicators. https://wirtschaftslexikon.gabler.de/definition/key-performance-indicator-kpi-52670. Zugegriffen: 15. Apr. 2021.

Key Performance. (2021). Conversion rate. https://keyperformance.de/conversion-rate. Zugegriffen: 15. Apr. 2021.

Lind, J. (2020). *A treatise on the scurvy: In three parts, containing an inquiry into the nature, causes, and cure, of that disease: Together with a critical and . . . of what has been published on the subject.* Alpha Editions.

Siroker, D., & Koomen, P. (2015). *A/B Testing: The most powerful way to turn clicks into customers* (1. Aufl.). Wiley.

Wikipedia. (o. J. a). A/B-Test. https://de.wikipedia.org/wiki/A/B-Test. Zugegriffen: 15. Apr. 2021.

2

Implementierung von A/B-Tests

Zusammenfassung Dieses Kapitel beschäftigt sich mit der Grundfrage des A/B-Testings: Was sollte ich testen und wie gehe ich beim A/B-Testing vor, um damit kontinuierlich meine digitalen Aktivitäten zu optimieren. Hierzu werden die wichtigen Instrumente der Hypothesenbildung, der Testing-Roadmap und eines Priorisierungsschemas genannt und beschrieben, um Ihnen als Leser das nötige Rüstzeug an die Hand zu geben, um direkt mit Ihrer Optimierungsstrategie starten zu können.

Was Sie aus diesem Kapitel mitnehmen

- Was lohnt sich zu testen?
- Was ist eine gute Conversion Rate und welche Faktoren bedingen sie?
- Sie lernen die vier Teststrategien des intermittierenden, kontinuierlichen, iterativen und systemischen Testings kennen und erfahren, wann sie was einsetzen sollten.
- Wie lange sollte ein Test laufen und woran hängt die Testdauer?
- Wie Sie mit Hilfe von Priorisierungsschemen eine individuelle Testroadmap erstellen.

M. Witzenleiter, *Quick Guide A/B Testing*, Quick Guide, https://doi.org/10.1007/978-3-658-34649-2_2

2.1   Was sollte man testen?

„Wenn Sie einen Zweifel haben, testen Sie. Wenn Sie keine Zweifel haben, testen Sie zweimal" (Jean-René Boidron, CEO der A/B-Testing-Lösung Kameleoon).

In der Theorie gilt natürlich, dass es nichts gibt, das man nicht testen sollte. Die Testing-Kultur, auf die später noch eingegangen wird, lebt davon den Status quo in Frage zu stellen und Schritt für Schritt neue Varianten zu finden, die besser als die Ursprungsversion sind. Allerdings gibt es in der Praxis drei entscheidende, limitierende Faktoren dazu: Zeit, Ressourcen und Relevanz. Es ist daher von entscheidender Bedeutung, sich vorab über einen Testing-Prozess Gedanken zu machen, der nicht nur für einen kontinuierlichen Fluss an Ansätzen und Ideen für A/B-Testing-Hypothesen sorgt, sondern auch ein Bewertungs- und Priorisierungsschema parallel einzuführen, das hilft, sich auf die Tests zu fokussieren, die das beste Aufwands- und Ertragsverhältnis haben.

Grundsätzlich sind die Einsatzmöglichkeiten von A/B-Tests im Onlinebereich sehr umfassend und reichen vom Einsatz neuer Funktionen, Designs, Prozesse, Texte, Interaktionselemente bis hin zu kompletten Webseiten oder Landingpages im Rahmen von Split-URL-Tests. Die wichtigsten Bausteine einer Webseite oder digitalen Applikation, die sich für Tests eignen, sind:

- Überschriften
- Unterüberschriften
- Aufteilung des Textes/der Absätze/der Spaltenanzahl
- Einbindung von Kundenmeinungen/Testimonials/vertrauensbildenden Maßnahmen: Siegeln/Auszeichnungen
- Call-to-Action-Elemente
- Links
- Bilder
- Inhalt am unteren Bildschirmrand/„above the fold"
- Produktempfehlungen und deren Algorithmen
- Suchfunktion und deren Algorithmen
- Sortierung und Filterung von Ergebnisseiten (in Anlehnung an Bar, 2018)

Bestens geeignet sind A/B-Tests natürlich auch, um Marketingkanäle, Preise, Werbemittel und Zielgruppen-Targeting zu testen.

2.2 Welche Faktoren haben einen Einfluss auf die Conversion Rate?

Das mit am häufigsten genannte Ziel des A/B-Testings im Online-bereich dürfte die Steigerung der Conversion Rate sein – die Wandlungsrate der Besucher bezogen auf eine Hauptmetrik. Zum Bei-spiel die Bestellrate, die häufig im E-Commerce-Bereich unter dem Begriff der Conversion Rate verstanden wird. Der erste Ausgangs-punkt, bevor man die Ziele seiner Testing-Strategie festlegt, sollte daher die Frage sein, was denn eine gute Conversion Rate auszeichnet und welche Faktoren einen Einfluss darauf haben. Hierzu sollte man sich die Conversion Rate einer Webseite, eines digitalen Angebots oder eines Shops basierend auf folgenden Faktoren ansehen:

- **(Branchen-)Ziele:** Die durchschnittliche Conversion Rate eines E-Commerce-Unternehmens liegt je nach Branche und Studie zwischen 2 und 3 %. (Chaffey, 2021) Dabei ist es jedoch sehr wichtig zu unterscheiden, welches Ziel die jeweilige Webseite oder der Shop verfolgt. So war im Jahr 2018 eine sehr große Spannweite bei den Branchen zu erkennen (Statista, 2019). Das Ranking führten Online-apotheken mit 10,4 % Conversion Rate an, während die Reise-branche mit durchschnittlich 0,4 % Conversion Rate das Schlusslicht der Statistik bildete.
- **Land:** Die Conversion Rates variieren auch nach dem Land, in dem der Shop sein Hauptgeschäft macht. So konvertieren deutsche Shops im weltweiten Vergleich beispielsweise am besten. (Chaffey, 2021) Gründe hierfür könnten beispielsweise die Kaufkraft des jeweiligen Landes sein oder die Bevorzugung anderer Vertriebswege wie Tele-fon (die Amerikaner schließen noch relativ viele Käufe parallel per Telefon ab) sowie die Verfügbarkeit im stationären Handel (manche Produkte sind nur online zu bekommen) oder der Aus-bau der Logistik. In vielen Teilen Chinas oder Russlands sind die

Logistiknetze beispielsweise noch nicht so ausgeprägt, dass Onlineeinkäufe überall problemlos möglich sind.

- **Zeit:** Die Conversion Rate ist nie konstant, sondern schwankt in den meisten Shops von Tag zu Tag und Stunde zu Stunde. Diese Schwankungen sollten unbedingt im Rahmen von A/B-Tests berücksichtigt werden, zum Beispiel durch eine Gleichverteilung in der Stichprobe. Wenn man einen aktuellen Überblick über seine durchschnittliche Conversion Rate bekommen möchte, empfiehlt sich daher auch, den Zeitausschnitt möglichst weit zu wählen, um zeitliche Schwankungen damit zu glätten. In der Praxis empfiehlt sich daher, die Conversion Rate, die man optimieren möchte, zumindest auf Monatsbasis zu kalkulieren, idealerweise aber als Durchschnittswert der letzten 6–12 Monate.
- **Endgerätetyp:** Haben Sie schon einmal vom sogenannten ROPO-Effekt gehört? Dieser steht für: „Research Online, Purchase Offline" und beschreibt das Phänomen, dass Kunden online recherchieren und offline kaufen. (Wikipedia, 2020). Häufig erfolgt diese Recherche im Ladengeschäft vor Ort über mobile Geräte. Dies ist mit einer der Gründe, warum mobile Endgeräte häufig geringere Conversion Rates aufweisen als Desktops. (Chaffey, 2021) Eine nicht unwesentliche Frage für Sie sollte daher sein, welche Rolle mobile Endgeräte für Ihren Shop spielen. Derzeit ist die überwiegende Mehrheit des weltweiten Onlinetraffics mobil. Das heißt aber nicht, dass das in Ihrem Shop oder auf Ihrer Webseite genauso sein muss. Prüfen Sie daher vorab, was der wichtigste Gerätetyp laut Ihren Webanalysedaten ist und fokussieren Sie Ihre Optimierungsstrategie darauf.
- **Stöber- vs. Transaktionsshops:** Haben Sie sich schon einmal gefragt, ob Ihre Webseite eine typische Stöber- oder Transaktionsseite ist? Welche Rolle das spielt? Für Ihre Conversion Rate eine ganz entscheidende. Das können Sie am besten nachvollziehen, wenn Sie den Selbstversuch starten und auf der Webseite des Onlineversandhändlers Amazon einen Shoppingtrip starten. Mit knapp über 650 Mio. Artikeln nur im deutschen Sortiment (Security check, 2020) dürfte dieser Trip etwas länger dauern. Amazon ist daher ein klassischer Transaktionsshop, bei dem Kunden bereits anderweitig

gestöbert haben und nun zur Transaktion auf die Amazon-Seite gelangen. Warum sonst sollte die Conversion Rate bei Prime-Mitgliedern sonst bei 74 % und bei Nichtmitgliedern immerhin noch bei 13 % liegen? (Purohit, 2021) Gerade im Modebereich finden sich viele Shops, die vom Stöbern ihrer Kunden leben und daher auch geringere Conversion Rates haben.

- **Kontext:** Um zu verstehen, welche Rolle Kontext spielt, genügt ein Blick in die Wachstumsraten vieler Onlineshops während der Covid-19-Pandemie. Kontext kann im Rahmen der Conversion Rate jedoch auch mehr bedeuten als nur der aktuelle gesamtgesellschaftliche Rahmen. Die Conversion Rate eines Webseitenbesuchers kann auch stark von dessen individuellen Kontext abhängen. Vor allem in Gestalt der beiden Punkte Know-how und Motivation: Je höher die Motivation der Kunden, desto höher auch die Conversion Rate der Kunden. Sofern die Motivation hoch genug ist, nehmen die Kunden in der Regel gern jede Hürde bis zum Kauf. Dies kann jeder Shop nachvollziehen, der zum Beispiel schon einmal aufgrund eines Preisfehlers sehr hohen Kundenzulauf hatte. Genauso spielt aber auch das Know-how des Users eine wichtige Rolle für die Conversion Rate. Um komplexe Produkte wie Finanz- und Versicherungsprodukte abzuschließen, ist ein hohes Maß an Vorwissen bei der Nutzung nötig, andernfalls werden Besucher trotz hoher Motivation bestimmte erklärungsbedürftige Produkte nicht abschließen.
- **Wettbewerb:** Online ist der Wettbewerb meist nur ein paar Klicks weit entfernt. Diese abgedroschene Floskel dürften viele schon einmal gehört haben. Das ändert jedoch nichts an ihrer Richtigkeit. Oftmals informieren sich Kunden über den aktuellen Marktpreis durch Vergleichsportale oder Besuche bei Konkurrenten und haben daher häufig sehr hohe Preistransparenz. Shops- und Webseiten, die keine weiteren USP außerhalb des Preises bieten, werden es sehr schwer haben, wenn sie deutlich über Marktpreis verkaufen möchten. Niedrige Conversion Rates sind hier häufig die Konsequenz.
- **Funnel-Schritte:** Häufig spielt im Rahmen der Conversion Rate auch die sogenannte Funnel-Conversion Rate eine bedeutende Rolle, die ausdrückt, wie hoch die Conversion Rate nach Eintritt

in den Kaufprozess ist. Hier sollte jedoch darauf geachtet werden, ab wann dieser Eintritt in den Kaufprozess gemessen wird. Handelt es sich hierbei um den Besuch der Produktdetailseite oder um den Einstieg in den Warenkorb? Gerade im Mode-E-Commerce kommt es beispielsweise häufig vor, dass der Warenkorb auch als Merkzettel genutzt wird. Dadurch bedingt haben diese Shops natürlich geringere Conversion Rates nach Einstieg in den Warenkorb als Shops, bei denen der Warenkorbeinstieg nur das Ziel verfolgen kann, den Kaufprozess abzuschließen.

2.3   Der A/B-Testing-Zyklus

Prinzipiell lassen sich im A/B-Testing vier verschiedene Testansätze unterscheiden: *intermittierende, kontinuierliche, iterative* und *systemische Teststrategie.*

Intermittierendes Testing
Viele werden dieses Prinzip vom Fasten kennen. Bei dem man nur zu bestimmten Tageszeiten, Wochentagen oder Wochen fastet und sonst normal isst. Ähnlich verhält es sich bei diesem Ansatz auch mit dem Testing. Man testet nur punktuell, dann meist sehr intensiv und dann wieder längere Zeit nicht. Sehr häufig sind solche Testphasen Launch- oder Relaunchphasen zu denen sehr intensiv A/B-Tests durchgeführt werden. Vorteil ist sicherlich, dass gerade in Phasen, in denen wesentliche Veränderungen auf der Seite durchgeführt werden auch ausgiebige Tests durchgeführt werden. Ein Nachteil ist jedoch, dass dadurch keine ausgeprägte Testing-Kultur entstehen kann und durch die rein punktuelle Verwendung von A/B-Tests eine kontinuierliche Optimierung leidet und dadurch auch Potenziale verschenkt werden. Häufig werden die Projekte dann auch von externen Dienstleistern durchgeführt, die nur für einzelne Aufträge gebucht werden, da für diesen Ansatz häufig keine dezidierten Ressourcen im Unternehmen geschaffen werden.

Kontinuierliches Testing

Dieser Ansatz folgt dem Konzept des Kontinuierlichen Verbesserungsprozess (KVP): „(KVP) ist eine Denkweise, die mit stetigen Verbesserungen in kleinen Schritten die Wettbewerbsfähigkeit der Unternehmen stärken will." (Wikipedia, o. J. a.). Da sich das Userverhalten und die Konkurrenzangebote ständig weiterentwickeln, wird das Unternehmen proaktiv in der Identifizierung der Unterperformancezonen bei diesem Ansatz. Das Grundprinzip lautet, permanent neue Hypothesen aufzustellen, diese über Tests zu validieren und die Interaktion der Nutzer mit den Varianten zu messen. Unternehmen, die nach dieser Maxime agieren, können sich sehr gut an die Veränderungen des Marktes anpassen, haben aber dadurch natürlich auch einen höheren Ressourceneinsatz im Bereich Testing als Unternehmen, die nur intermittierend testen. Schließlich ist dieser Ansatz, wie der Name sagt, kontinuierlich. Einmal damit angefangen, arbeitet man permanent mit seinem Team an der Verfeinerung und Optimierung der aktuellen Version des Shops, der Webseite oder anderen digitalen Angeboten. Unternehmen, die sich diesem Ansatz verschrieben haben, arbeiten meist mit dezidierten Testing-Teams im Unternehmen. Dadurch ist dort auch die Identifikation mit dem Kunden und der Thematik in der Regel deutlich ausgeprägter.

Iteratives Testing

Als Weiterentwicklung des kontinuierlichen Testing-Prinzips kann man den Ansatz des iterativen Testings verstehen. Dabei nähert man sich von Test zu Test der idealen Variante, in dem man die Siegervariante zur neuen Referenzversion macht und eine Variante dazu vertestet. Somit kann man sich der idealen Version von Schritt zu Schritt nähern (daher auch der Name iterativ). Dieses Prinzip wird in Abb. 2.1 verdeutlicht. Vorteil ist dabei die kontinuierliche Verbesserung des Status quo. Jedoch lässt der Ansatz außer Acht, dass auch zwischen den Varianten Unterschiede bestehen können und vielleicht historische „Verliererversionen" eine aktuelle „Gewinnerversion" gegenüber dem Status quo stellen könnten.

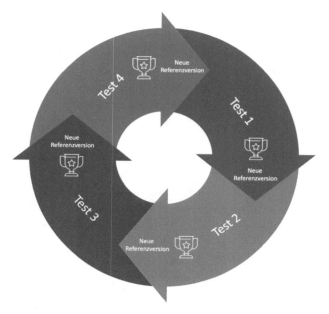

Abb. 2.1 Iterativer Testing-Prozess. (Quelle: Eigene Darstellung)

Systemisches Testing

W. Edwards Deming, der berühmte Statistiker, Dozent und Autor, sagte einmal „Without data you're just another person with an opinion." Auf das Thema A/B-Tests transformiert, könnte man in Anlehnung daran behaupten: Ohne etwas getestet zu haben, weiß man nicht, ob eine Idee etwas taugt. Beim systemischen Testing-Ansatz geht man genau so vor. Jedes Feature, jede Veränderung auf einer Webseite bedarf eines Tests, um einen Mehrwert für den Nutzer zu erbringen. Erst danach sollten Features ausgerollt und Änderungen permanent auf der Webseite umgesetzt werden. Was in der Theorie als absolutes Ideal der Kundenzentrierung klingt, ist leider in der Praxis für die meisten Unternehmen keine allzu erstrebenswerte Testing-Praxis. Da man Tests immer erst stoppen sollte, wenn die Ergebnisse valide sind (siehe Kap. 7: Statistik), bedeutet das, dass jede kleinste Änderung eines aussagekräftigen Tests bedarf, ehe sie dauerhaft im Livebetrieb ausgerollt werden kann. Sofern Sie jedoch nicht die Besuchermenge eines Google, Amazon oder Netflix haben, dürfte dieser Ansatz in seiner reinsten Form für Ihr Business Model nur schwer umsetzbar sein, ohne, dass jeder Relaunch stufenweise über mehrere Monate bis Jahre ausgerollt werden muss. Daher empfiehlt sich dieser Ansatz wirklich nur bei extrem besucherstarken Seiten.

Abschließend zu den Testing-Modellen lässt sich sagen, dass vor allem der iterative Testing-Ansatz einen guten Kompromiss zwischen Agilität in der Unternehmung und gleichzeitig doch einer gewissen Stringenz in der Testing-Kultur beinhaltet und daher für die meisten Unternehmen den besten Ansatz bieten dürfte.

2.4   Strategisches vs. taktisches Testen

Beim strategischen Testen handelt es sich um einen langfristigen Testing-Ansatz, bei dem von strategischen Unternehmenszielen die wichtigsten Hauptmetriken (Key Performance Indicators) abgeleitet werden. Auf dieser Basis werden Zielgruppen, Phasen der Customer Journey, Optimierungshebel und davon dann Experimente abgeleitet. (Pavlovich, 2020) (Abb. 2.2).

Abb. 2.2   Erfolgsfaktoren des strategischen Testing-Ansatzes. (Quelle: Pavlovich, 2020)

Beim *strategischen Testen* geht es weniger darum, nur kurzfristige Erfolge durch beispielsweise Conversion-Steigerungen zu erzielen, sondern vielmehr darum, langfristig wichtige Erkenntnisse über die eigene Zielgruppe zu generieren. Dabei werden auch umfassendere Tests und vor allem Testserien durchgeführt, um nachhaltige Steigerungen von Zielen zu erreichen, um zum Beispiel die Loyalität und Wiederkaufrate zu steigern und langfristige Wettbewerbsvorteile durch umfassendes Wissen zu Zielgruppen zu erzielen. Häufig werden dafür quantitative Analysen wie A/B-Tests mit qualitativen Analysen wie User Groups, Panels oder Befragungen kombiniert. Außerdem müssen dafür auch ausführliche (Web-)Datenanalysen durchgeführt werden. Wettbewerbs- und Marktanalysen, die sich vor allem mit zukünftigen Trends befassen, spielen bei diesem Ansatz ebenfalls eine wichtige Rolle. Der Ansatz ist daher auch sehr ressourcenintensiv. Häufig wird dafür auch viel internes sowie externes Know-how benötigt, zum Beispiel, um besagte Kundenbefragungen und Fokus-Gruppengespräche durchzuführen. Ein großer Nachteil dieses Ansatzes ist, dass häufig nur bestimmte Expertengruppen in das Testing involviert sind. Dies trägt nicht zum Entstehen einer umfassenden Testing-Kultur im Unternehmen, bei der alle Ideen einbringen können und somit ein kontinuierlicher Verbesserungsprozess angestoßen wird, bei.

Dem gegenüber steht der Ansatz des *taktischen Testings*. Das wichtigste Ziel dabei sind häufig die Optimierung der User Experience oder kurzfristige Conversion-Steigerungen. Der Ansatz ist üblicherweise leicht zu implementieren und schnell zu starten, da hier auf Basis von Ideensammlungen Testideen generiert werden und diese über einen Trial-and-Error-Ansatz getestet werden. Meist fokussiert sich dieser Ansatz auf die Optimierung des aktuellen Stands der Webseite oder anderer digitaler Kanäle und nimmt keine zukünftigen Entwicklungen oder Markt- und Wettbewerbsbeobachtungen in die Ideengenerierung mit auf. Meist wird der Wettbewerb nur bei der Lösung von User-Experience-Designideen zu Rate gezogen, um Usabilitylösungen zu finden. Wichtigstes und häufig einziges Ziel eines Tests ist es, eine positive Performancesteigerung durch das Finden einer Gewinnervariante zu generieren. Erkenntnisgewinne über die Zielgruppe spielen keine Rolle, daher werden negative Varianten mit einem Downlift (einer negativen Performance bezogen auf die Hauptmetrik) als Niederlage gewertet und es wird häufig keine Zeit mit der Analyse der Gründe dafür verbracht. Dabei spielt das Glück, eine zündende Testidee zu finden, eine große Rolle, da die Tests häufig nicht auf einer Datenbasis beruhen, die vorab analysiert wurde, sondern dann doch wieder auf Basis eines Bauchgefühls in den Ring geworfen wurden. Bei diesem Ansatz kommt es daher häufig vor, dass im Lauf der Zeit die Menge der Testideen nachlässt, da sie nicht strukturiert hergeleitet werden. Häufig konkurrieren die darüber generierten Testideen auch mit den langfristigen Unternehmenszielen, da sie nicht auf diesen beruhen. Zum Beispiel kann sein, dass bei diesem Ansatz Rabatttests durchgeführt werden, obwohl das Unternehmen perspektivisch auf Rabatte verzichten möchte. Positiv ist jedoch an dieser Testphilosophie, dass durch die demokratische Testideengenerierung über mehrere Teams hinweg, eine hohe Identifikation der Belegschaft mit diesem Thema entsteht. Dies kann zu einer ausgeprägten Testing-Kultur führen. Die verwendeten Methodiken dabei können zum Beispiel Ideenworkshops und Kreativansätze wie ein „Collective Notebook" sein, in das Testideen eingetragen werden können.

2.5   Hypothesenbildung

Das Salz in der Suppe jedes A/B-Tests ist das Thema Hypothesenbildung. Ohne eine klar aufgestellte Hypothese werden Sie eventuell ein Ergebnis zu einem Test haben, aber nicht wissen, was sie damit anfangen sollen. Ähnlich wie wenn Sie testen, ohne sich groß um das Thema Statistik zu kümmern. Eine gute Testhypothese legt fest, was Sie testen, was Sie als Ergebnis erwarten und warum das Ergebnis wohl so ausfallen wird bzw. als weiterer Punkt, was Sie aus diesem Test lernen möchten (Rusonis, 2018). All dies legen Sie vor dem eigentlichen Test fest, was das eine oder andere Experiment eventuell schon vor dem eigentlichen Durchführen obsolet macht. Wie angesprochen sind die wesentlichen Bestandteile:

1. **Die Bedingung: Wenn ...** Hierbei legen Sie fest, welche Veränderung Sie durchführen möchten. Wobei sich anbietet, dort mit wenigen Varianten zu arbeiten (Stichwort: A/B/n-Tests), bzw. wenigen Variantenkombinationen (Stichwort: multivariate Tests). Also beispielsweise: Wenn wir den Bestellprozess von 3 auf 2 Schritte verkürzen, ...

2. **Die Folge: Dann ...** Hier legen Sie das vermutete Ergebnis fest. Also zum Beispiel: Wenn wir den Bestellprozess von 3 auf 2 Schritte verkürzen, wird unsere Funnel-Conversion Rate (Abschlussrate des Prozesses) steigen ... Hierbei empfiehlt sich die Verwendung klar definierter Metriken, die das Ergebnis messen.

3. **Die Erklärung: Weil ...** Damit liefern Sie eine mögliche Erklärung für die Verhaltensänderung Ihrer Nutzer. Diese beruht idealerweise auf Basis Ihrer vorhergehenden Datenanalyse oder auf Basis einer Marktrecherche. Häufig bieten sich hier auch Inspirationen bei Wettbewerbern oder Best Practices aus anderen Branchen an. Also lautet die Testhypothese vollständigerweise: Wenn wir den Bestellprozess von 3 auf 2 Schritte verkürzen, wird unsere Funnel-Conversion Rate steigen, da wir derzeit bei jedem Schritt 10 % der Nutzer verlieren.

4. **Die Erkenntnis, was wir daraus lernen wollen:** Die klassische Dreiteilung einer Hypothese lässt sich noch durch den Erkenntnisgewinn ergänzen. Dieser kann, muss aber nicht deckungsgleich mit der Erklärung „Weil" sein. So wäre ein allgemeines Learning aus der bereits aufgestellten Hypothese, dass Convenience und Usabilityaspekte eine große Rolle für die Nutzer dieses Shops spielen. Dazu später noch mehr, wenn wir über das Thema Einflussfaktoren auf die Conversion Rate sprechen.

Aus dieser Hypothese lässt sich dann sehr leicht die konkrete Beschreibung des Tests generieren, da in der Hypothese bereits die Beschreibung des Problems und dessen Lösungsansatz („Wenn") ebenso wie die Auswirkung auf die primäre Testmetrik („Dann") enthalten ist. Diese Metrik sollte ein primäres Ziel der Webseite umfassen, was nicht gegen die Verwendung von Mikro-Conversions wie in Kap. 3 beschrieben spricht (siehe Abb. 2.3).

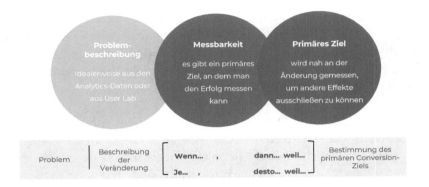

Abb. 2.3 Bestandteile der Hypothesengenerierung. (Quelle: Eigene Darstellung)

Das Ergebnis eines A/B-Tests ist daher immer die Bestätigung oder Widerlegung einer Hypothese (Falsifizierung).

2.6 Testdauer von A/B-Tests kalkulieren

Eine sehr entscheidende Frage beim Einsatz von A/B-Testing ist die nach der passenden Testdauer. Daran hängt nicht nur die Frage, wann ein A/B-Test beendet werden sollte. Sondern man kann über eine Vorabkalkulation bereits den einen oder anderen Test vor Durchführung verwerfen, wenn darüber klar wird, dass die Testdauer zu lange ist, um den Einsatz zu rechtfertigen. Welche Webseite verändert sich schon über mehrere Monate nicht? Jede Veränderung auf der Seite verzerrt die Ergebnisse des A/B-Tests, sodass man diesen normalerweise in dem Fall neu aufsetzen und starten sollte. Bei A/B-Tests, die zu lange laufen müssten, gerät man so entweder in einen Kreislauf des Startens und Stoppens von Tests, oder aber man läuft Gefahr, dass die Ergebnisse des Tests verzerrt werden könnten. Daher empfiehlt es sich, nur die A/B-Tests durchzuführen, die innerhalb des üblichen Updatezyklus der

Webseite vollständig abschließbar sind. Man verwendet Kalkulationen zur Dauer von A/B-Tests in der Regel vor Durchführung des Tests und zur Bestimmung des Endzeitpunkts während der Durchführung des Tests. Fragestellungen, die sich damit beantworten lassen, sind (AB Test Sample Size Calculators, 2020):

1. **Bei Vorabprüfung:** Was ist der kleinste mögliche Effekt (die kleinste Differenz der Metriken zwischen Original und Variante), den ich nachweisen möchte? Zum Beispiel: Wie groß soll der Conversion-Rate-Unterschied zwischen Variante A und B mindestens sein? In welchem Zeitraum sollte dieser Effekt auftreten? Wie groß sollte die Stichprobe auf der Webseite mindestens sein? Welches Konfidenzlevel (sprich: welche Aussagewahrscheinlichkeit) sollte der Test haben? 90 % oder 95 %?

2. **Bei Prüfung während des Tests:** die Beantwortung der Grundfrage eines jeden Tests: Ist die Variante besser als die Referenz bzw. die Originalversion? Hat der Test die minimale Stichprobengröße erreicht, um aussagekräftig zu sein? Hat der Test die minimale vorab kalkulierte Testdauer erreicht? Wie hoch ist der ROI der Testvariante?

Zur Kalkulation der Testdauer werden in der Regel die Parameter „Anzahl Besucher der Webseite" bzw. der digitalen Applikation, die derzeitige „Conversion Rate der Hauptmetrik" (z. B. Bestellrate), das „Konfidenzlevel" und die „Testpower" herangezogen. Speziell die Begrifflichkeiten Konfidenzlevel und Testpower dürften den meisten Lesern weniger bekannt sein, weshalb sich hier ein genauerer Blick auf das, was sich dahinter verbirgt, lohnt.

Das Konfidenzlevel lässt sich als die Wahrscheinlichkeit, dass eine erneute Durchführung des Tests dasselbe Ergebnis bringt, beschreiben. Man spricht in dem Zusammenhang auch häufig von einer Aussagewahrscheinlichkeit. Idealerweise peilt man bei A/B-Tests ein Konfidenzlevel von mindestens 90 %, idealerweise gar 95 % an. Das bedeutet im Umkehrschluss auch, dass bei einer erneuten Durchführung des Tests bzw. des Experiments eine 5–10 %ige Wahrscheinlichkeit besteht, dass diese Variante nicht mehr gewinnt. Richtigerweise werden Sie sich daher sicherlich fragen, warum wir bei A/B-Tests dann nicht einfach eine Wahrscheinlichkeit von 99 % oder höher anpeilen. Dies liegt mit darin begründet, dass die Besuchermenge dafür extrem ansteigt, sodass Tests mit einer solchen Konfidenz in der Regel eine sehr lange Testdauer mit sich bringen, was die Durchführung bei den meisten Anwendungsfällen nahezu unmöglich macht. Daher empfiehlt sich die Fokussierung auf eine Konfidenz im oben angesprochenem Bereich. Diese Aussagegenauigkeit ist damit trotz allem der Alternative namens „Bauchgefühl" überlegen.

Die Testpower ist eine Kennzahl, bei deren Erklärung man auf die Statistik zurückgreifen muss. Wie bereits bei dem Thema Hypothesen beschrieben, möchte man bei einem A/B-Test eine Hypothese bestätigen oder ablehnen. Die sogenannte Null-Hypothese besagt, dass zwischen den beiden Versionen kein Unterschied besteht. (Braun, 2021) Bei der Testpower handelt es sich um die Wahrscheinlichkeit, dass die Nullhypothese widerlegt werden kann. Auch hier gilt, je höher die Testpower sein sollte, desto länger muss der Test auch laufen. In der Praxis hat sich daher ein Wert von 80 % als Standard- bzw. Mindestmaß etabliert. Häufig wird diese Metrik daher in A/B-Testing-Tools nicht mehr einstellbar konfiguriert und daher auch nicht explizit in Reportings ausgewiesen. Möchte man die genaue Testpower seiner Experimente wissen, muss man diese daher im Tool recherchieren oder beim Anbieter anfragen.

Abschließend zum Thema Testdauer lässt sich sagen, dass ein Test umso länger laufen muss, je kleiner die Veränderung zwischen den Varianten ist. Das bedeutet, dass A/B-Tests, die zum Beispiel nur eine geringe Steigerung der Conversion Rate in der Variante als Ergebnis haben, umso länger laufen müssen, um ein aussagekräftiges Ergebnis zu liefern. Webseiten und Applikationen, die wenig Traffic haben, sollte daher empfohlen werden, nur Tests durchzuführen, die eine hohe Steigerung der Performance versprechen. Hier wird häufig der Grundsatz postuliert, dass größere Veränderungen auch klarere Ergebnisse liefern. Auf Basis der Erfahrungen des Autors lässt sich dies nicht pauschal sagen. Die Erfahrung hat gezeigt, dass einfache Button-farbänderungen durchaus ähnlich hohe oder höhere Conversion-Steigerungsraten erbracht haben wie umfassende Umbauten des Bestellprozesses oder der gesamten User Experience. Hierbei hängt alles von der Relevanz der Veränderung für das Verhalten des Nutzers ab. Daher ist es gerade für Einsteiger häufig schwierig, die geschätzte Steigerung vor einem Experiment treffsicher einzuschätzen. Diese wird häufig bei A/B-Testdauerkalkulatoren, die es online zur Genüge gibt, für die Kalkulation erfragt. Hierbei empfiehlt es sich, statt mit einer Schätzung des Effektes des Experiments lieber mit dem Konzept des Mindestergebnisses zu arbeiten. Dabei stellt man sich nicht die Frage, welche Conversion-Steigerung die Variante wohl erbringen wird, sondern welche minimale Conversion-Steigerung das Experiment mindestens als Ergebnis haben sollte, damit sich die Durchführung lohnt. Also zum Beispiel: Rechtfertigt eine mögliche Steigerung meiner Conversion Rate um 1 % schon die Durchführung des Experiments? Und wie lange müsste der Test dafür dann laufen?

Neben diesen Fragestellungen sollte man ebenfalls anpeilen, möglichst eine Gleichverteilung der Wochentage im Experiment zu erreichen. Häufig berechnet man daher die Testdauer auf Basis von Wochen à 7 Tagen. Das bedeutet, wenn der Testdauerrechner ein Ergebnis von 16 Tagen Mindestlaufzeit berechnet, dass man diesen Zeitraum auf 21 Tage aufrundet. Hintergrund dabei ist, dass viele KPI der Webseite nicht konstant sind, sondern abhängig von bestimmten Tagen schwanken. Zum Beispiel haben viele Shops am Wochenende höhere Bestellraten als unter der Woche. Um diese Sondereffekte zu bereinigen, peilt man in der Praxis einfach diese 7-Tage-Regel an, um sich mit solchen Einflussfaktoren gar nicht auseinandersetzen zu müssen.

2.7   Priorisierung von Hypothesen

Ein mittlerweile weitverbreitetes Framework zur Priorisierung von A/B-Tests ist das sogenannte PIE-Framework, das ursprünglich von Chris Goward entwickelt wurde (Widerfunnel, 2021).

Darin werden folgende Faktoren zur Priorisierung von Tests berücksichtigt:

Potential: Wie hoch ist das geschätzte Potenzial der Seite oder der Stelle, an der der Test durchgeführt wird? Auf Basis einer Analyse der vorhandenen Daten aus dem Webanalyticssystem lassen sich Seiten mit hohem Steigerungspotenzial identifizieren. Zum Beispiel Funnel-Schritte mit hohen Absprungraten oder Elemente mit niedrigen Nutzungs- und Klickraten auf trafficstarken Seiten. Tests die sich dieser Low-Performer annehmen, dürften ein höheres Potenzial mit sich bringen als Tests, die Seiten oder Elemente adressieren, die bereits sehr gute Conversion Rates produzieren.

Importance: Wie hoch ist die Wichtigkeit des Elements oder der Unterseite für den Nutzer, aber auch für Sie als Betreiber der App oder der Webseite? Allgemein sollten die Elemente getestet werden, die für den Nutzer eine hohe Relevanz haben. So lassen sich gute Erfolgsaussichten prognostizieren. Der Autor erinnert sich an ein Beispiel aus der Testpraxis, bei dem es darum ging, für ein Onlinewörterbuch die Nutzung der Synonymfunktion bei Übersetzungen zu steigern. Der Test dafür war sehr erfolgreich und brachte eine Steigerung von 800 % mit sich. Das Experiment war aber dennoch ein Reinfall, da die Nutzung vorher nur bei 0,1 % Klickrate lag. Selbst mit 0,8 % Klickrate war diese Funktion für die Nutzer und das Unternehmen selbst irrelevant. Eine Priorisierung mit dem PIE-Framework hätte die Durchführung dieses Experiments daher eventuell von vornherein schon als „nicht zielführend" identifiziert und es wäre damit verworfen worden.

Ease: Dieses Kriterium umfasst die Einfachheit der Implementierung. Wie schwierig ist es, einen Test an dieser Stelle umzusetzen, sowohl in politischer wie auch in technischer Hinsicht. Dies kann ein potenzielles Killerkriterium des Tests sein. Beispielsweise wenn der Bestellprozess nicht getestet werden kann, weil er über eine Partnerseite läuft. Oder weil die technische Implementierung innerhalb einer Applikation zu aufwendig ist.

Ursprünglich wurde dieses Framework vor allem dafür designt, um potenzielle Optimierungsorte zu identifizieren, zum Beispiel die Startseite oder ein bestimmter Schritt des Bestellprozesses. Mittlerweile wird das Schema aber auch verwendet, um einzelne Hypothesen oder Tests zu priorisieren. In Abb. 2.4 lässt sich ein Beispiel dafür finden. Das PIE-Framework ist ein leicht anzuwendendes Bewertungsschema, das eine einfache Hilfestellung bei der Priorisierung von Testideen liefert. Allerdings ist ein großer Nachteil dieses Schemas, dass alle drei Faktoren der Implementierung – Potenzial, Wichtigkeit und Einfachheit – mit

Beispiel einer Test-Priorisierung

Skala: 1 (sehr gering) - 10 (sehr hoch)

Name des Tests	Ort	Beschreibung	Gerät	Potenzial	Wichtigkeit	Einfachheit der Implementierung	PIE-Score
Trust-Element prominenter darstellen	Homepage	Das Testsiegel auf der Homepage wird an eine Stelle "above the fold" platziert.	Desktop	4	8	9	8,5
Bestellprozess verkürzen	Bestellprozess	Der Bestellprozess wird von drei auf zwei Seiten verkürzt.	Mobile	8	8	2	5
Einführung eines Bilder-Sliders auf Produktdetailseite	Produktdetailseite	Unter dem Produktfoto wird ein Slider mit Kleinansichten weiterer Abbildungen eingeführt.	Desktop	6	6	6	6

Abb. 2.4 Beispiel eines Priorisierungsschemas nach dem PIE-Framework. (Quelle: Eigene Darstellung)

gleicher Gewichtung in den Gesamtscore einzahlen. So könnte es beispielsweise für große E-Commerce-Unternehmen mit entsprechenden technischen Ressourcen eine geringere Rolle spielen, wie komplex die Implementierung des Tests ist, solange das Potenzial groß genug ist. Außerdem wird ein Aspekt außer Acht gelassen, der gerade bei kleineren, trafficschwächeren Webseiten eine wichtige Rolle spielt, nämlich die oben angesprochene Testdauer. Bei geringen Besuchermengen auf der Webseite belegt jeder Test unter Umständen für mehrere Wochen oder Monate diese Besuchermenge, die dann wiederum keinem anderen Test zur Verfügung steht. Zum Beispiel werden Sie, sofern Sie in Ihrer Roadmap fünf verschiedene Ideen zur Optimierung der Startseite haben, diese erst nach und nach umsetzen können, bis ein Test nach dem anderen abgeschlossen ist. Ein Test mit potenziell langer Testdauer schafft für Sie Opportunitätskosten in Form von Tests, die in der Zeit nicht laufen können und Ihnen bereits Conversion-Steigerungen liefern könnten.

Ein weiteres Kriterium für ein eigenes Priorisierungsframework kann auch der Return-on-Investment des Tests sein (Siroker & Koomen, 2015). Diesen kann man kalkulieren, indem man die Kosten des Tests seinen potenziellen Erträgen gegenüberstellt. Dabei wird die potenzielle Steigerung der Hauptmetrik des Tests in Umsatz umgerechnet. Hierzu ein Beispiel: Ihr Onlineshop generiert durchschnittlich monatlich 10.000 Bestellungen bei einer Conversion Rate von 2 % und 500.000 Besuchern. Ihr durchschnittlicher Nettowarenkorbwert liegt bei 100 €

pro Bestellung. Sie machen damit monatlich einen Nettoumsatz von 1.000.000 €. Wenn Sie Ihre Conversion Rate durch Ihre Optimierung um 5 % steigern, so liegt diese danach bei 2,1 %. Dadurch können Sie Ihren monatlichen Umsatz auf 1.050.000 € steigern. Sie generieren durch diese Optimierung damit monatlich 50.000 € mehr Nettoumsatz. Sofern Sie die Erstellung des Tests 2000 € kostet, liegt der ROI des Tests bei 25. Jedoch sollte dabei berücksichtigt werden, dass für die dauerhafte Umsetzung dieser Optimierung noch Kosten für einen möglichen Nachbau des Experiments in Ihrem Shopsystem einzukalkulieren sind. Dennoch hört sich dieses Experiment nach einem guten „Deal" an.

Ein weiteres Bewertungskriterium könnte auch die politische Bedeutung des Tests sein. Beispielsweise könnte ein Test, der gerade einen wichtigen Teil der Webseite mit hohem Management-Buy-in betrifft, für das Vorankommen Ihrer Testing-Kultur eine wichtigere Rolle spielen als ein Test mit potenziell höherem Uplift an einer anderen Stelle Ihrer Customer Journey.

Ein anderes wichtiges Kriterium könnte sein, dass bestimmte Tests eben nur zu bestimmten Zeiten sinnvoll sind. Hierzu ebenfalls ein Beispiel: Als Onlineblumenversender dürfte Ihre monatliche Besucheranzahl extrem schwanken und davon abhängig sein, welche Anlässe in diesem Monat stattfinden: Valentinstag, Muttertag, Ostern, Weihnachten, besonders geburtenstarke Monate, an denen viele Geburtstage anstehen … Wenn Sie Ihre neuen Valentinstagangebote testen möchten, dürfte dieser Test vor allem im Vorlauf des Valentinstags sinnvoll sein und nicht beispielsweise zu Ostern. So ergeben sich auch unter diesen Rahmenbedingungen andere Prioritäten als in dem klassischen PIE-Framework.

2.8 Wann sollte ich testen?

Das Beispiel des Blumenversenders aus Abschn. 4.7 ist ein gutes Beispiel für Fragestellungen nach dem „richtigen" Testzeitpunkt. Oder anders ausgedrückt: Sollte ich meine Tests zu Rushhourzeiten durchführen, wenn das Geschäft brummt und ich signifikante Umsatzanteile generiere, oder eher außerhalb der Hauptsaison, wenn es auf meiner Webseite oder in meinem Shop ruhiger ist. Aus Sicht des Verfassers ist eine Testing-Kultur wie eine Ehe, die in guten wie in schlechten Zeiten solide sein sollte. Das bedeutet sowohl in trafficstarken wie in trafficschwachen Zeiten zu testen. Nur so lässt sich die beste Version Ihres Produkts sowohl für diese wie auch jene Zeiten finden. Prinzipiell stellt natürlich jeder Test eine mögliche Gefahrenquelle für Ihren digitalen Kanal dar. Schließlich können schlecht gebaute Tests oder Ausfälle und Störungen Ihrer Testing-Lösung Einfluss auf die Ladezeit oder die gesamte User Experience haben. Zudem ist es nicht ausgemachte Sache, dass jede Variante auch eine Steigerung gegenüber dem Original mit sich bringt. In vielen Fällen kann die Variante auch ein negatives Ergebnis bringen und Ihnen damit während der Testlaufzeit auch Bestellungen oder Umsätze verloren gehen. Dies tut während der Hauptsaison natürlich deutlich mehr weh als zu den Nebenzeiten, bei denen auf Ihrer Webseite auch weniger Bestellungen eingehen. Allerdings steht diesem Risiko auch eine mögliche Rendite gegenüber.

Eine höhere Conversion Rate kann eben auch gerade zu den Stoßzeiten einen riesigen Einfluss auf Ihren Jahresumsatz haben, und oftmals entscheiden sich Kunden auch gerade wegen einer guten User Experience oder einer optimierten Customer Journey für einen Anbieter und kaufen nicht bei der Konkurrenz. Wie bei Finanzgeschäften sollte auch hier die Regel gelten: höheres Risiko gleich höhere Renditechance. Wieviel Risiko Sie eingehen möchten, entscheiden Sie wie auch bei Börsengeschäften daher auf Basis Ihrer Anlagestrategie bzw. in diesem Fall auf Basis Ihrer Unternehmenskultur. Vielleicht inspiriert Sie dabei das Zitat des Facebook-Gründers und CEO Mark Zuckerberg, der einmal sagte: „In a world that is changing really quickly, the only strategy that is guaranteed to fail is not taking risks." In einer sich schnell verändernden Welt ist die einzige Strategie, die garantiert scheitert, die, keine Risiken einzugehen. Dem ist auch beim Thema Testing nichts hinzuzufügen.

2.9   Die Testroadmap

Nach dem Sie Ihre Hypothesen priorisiert haben, steht der nächste wichtige Schritt an. Der Bau Ihrer Testroadmap. Darunter lässt sich eine Art Projektplan kombiniert mit einer Wissensdatenbank verstehen. In diesem Dokument, meist in Tabellenform, planen und beschreiben Sie Ihre Tests und dazugehörigen Hypothesen. Dadurch können Sie Ihre Teststrategie sinnvoll und strukturiert planen und auch die Ergebnisse Ihrer Tests festhalten. Beim Aufbau eine Testroadmap spielt vor allem der zeitliche Horizont eine entscheidende Rolle. Ist die Roadmap zu kurz, werden Sie wohl weniger strategisch vorgehen, und wenn Ihre Testing-Kultur einmal ins Rollen gekommen ist, werden Ihnen Ihre Testideen ausgehen. Ist Ihre Testroadmap zu lang, werden Sie kurzfristig eingeschobene Ideen und Veränderungen des Marktes nicht ausreichend berücksichtigen und daher stark an Agilität verlieren. Der Conversion-Experte Stephen Pavlovich von conversion.com empfiehlt, einen Zeithorizont von 6–12 Wochen für die Testroadmap vorzusehen (Birkett, 2020).

Gerade wenn Ihre Teststrategie iterativ aufgebaut sein soll und aus vielen aufeinander aufbauenden Tests und Testserien besteht, erscheint es wenig sinnvoll eine sehr starre Testroadmap zu besitzen, die Monate im Voraus verplant ist. Ein agiler Ansatz, bei dem Sie kontinuierlich Ihre Testroadmap neu priorisieren und Tests ein- und verschieben, kann dabei ein hilfreicher Ansatz sein. Wer möchte schon nach einem positiven Test, durch den sich viele neue Testideen ergeben, gezwungenermaßen dann zu einem Newsletter-Registrierungstest auf der Startseite wechseln müssen, nur weil es die Testroadmap, die vor 12 Monaten erstellt wurde, so vorschreibt?

Ein weiterer wichtiger Aspekt der Testroadmap ist ebenfalls, die Ergebnisse von Tests darin erfassen zu können. Selbst wenn Ergebnisse auch in anderen Datenbanken, Ihrem Analytics-System oder im A/B-Testing-Tool selbst gespeichert sind, ist es sinnvoll diese auch in der Testroadmap zu verwalten. So sehen Sie zum Beispiel auch, ob Ihre Erwartungen an den Test, was Conversion-Uplift-Schätzungen anging, zutreffend waren oder nicht, und bekommen neue Inspirationen für Folgetests bzw. Erfahrungswerte für weitere Tests. Dennoch sollten Sie die Macht historischer Daten nicht überschätzen. Im Zuge einiger Monate kann sich auf Ihrer Webseite sowie innerhalb Ihrer Nutzerschaft viel verändert haben, sodass es von Zeit zu Zeit ratsam erscheinen kann, alte Tests noch einmal neu auszurollen und zu bewerten.

Sollte Ihnen die Planung von Testprojekten zu komplex erscheinen oder Sie sich durch „spontanes" Testing Vorteile versprechen, so sollten Sie sich einen Überblick über die Ergebnisse eines Panels des Testing-Anbieters Kameleoon in Abb. 2.5 machen. Darin wurden Kunden gefragt, welche Phase die erfolgskritischste für A/B-Testprojekte ist. Mit 57 % ging die Planungsphase darin als klarer Gewinner hervor, was die Bedeutsamkeit einer strukturierten A/B-Teststrategie noch einmal verdeutlichen sollte.

Abb. 2.5 Ergebnisse eines Panels des A/B-Testing-Anbieters Kameleoon zum Thema „Kritischste Phasen bei einem A/B-Testprojekt". (Quelle: Four steps to build your testing roadmap, 2021. Kameleoon)

Conclusion

Eine gute Testing-Strategie steht und fällt mit der entsprechenden Planung. In diesem Kapitel haben Sie Konzepte kennengelernt, wie Sie die für Sie passende Testing-Strategie definieren können und gelernt, wie man Testideen konkret einschätzt und priorisiert. Gerade das Thema Traffic stellt ein knappes Gut dar, das man nur für Tests verschwenden sollte, die wirklich einen signifikanten Uplift versprechen dürften. Eine realistische Einschätzung erfolgt über ein Benchmarking Ihrer Conversion Rate und anhand einer Einschätzung der möglichen Testdauer. Gerade die Formulierung einer klaren und wohldefinierten Hypothese kann für den Testerfolg maßgeblich sein. Ein entsprechendes Schema wurde Ihnen in diesem Kapitel an die Hand gegeben. Damit sind Sie nun Ihrer eigenen Testing-Strategie einen großen Schritt nähergekommen.

Ihr Transfer in die Praxis

- Berechnen Sie vor jedem Test die mögliche Testdauer.
- Versuchen Sie anhand eines Branchenbenchmarkings eine Einschätzung zu bekommen, ob Ihre Conversion Rate gut oder schlecht ist.
- Formulieren Sie klare und beweis- bzw. widerlegbare Hypothesen für Ihre Tests.
- Priorisieren Sie Ihre Ideen anhand einer Testing-Roadmap und nutzen Sie dieses Schema auch zur Archivierung von Hypothesen und Auswertungen.

Literatur

AB Test Sample Size Calculators. (2020). CXL. https://cxl.com/ab-test-calculator/.

Bar, C. (2018, 5. Juli). *Was ist ein A/B-Test und warum Du ihn unbedingt brauchst.* Media Company Düsseldorf Blog – Social Media, SEO,. . . https://www.media-company.eu/blog/allgemein/a-b-test/.

Birkett, A. (2020, 24. Juli). How cro experts build and maintain testing roadmaps. CXL. https://cxl.com/blog/ab-testing-roadmap/.

Braun, C. (2021). *Nullhypothese.* DocCheck Flexikon. https://flexikon.doccheck.com/de/Nullhypothese.

Chaffey, D. (24. Februar 2021). E-commerce conversion rates 2021 compilation – How do yours compare? Smart Insights. https://www.smartinsights.com/ecommerce/ecommerce-analytics/ecommerce-conversion-rates/. Zugegriffen: 26. Sept. 2021.

Four steps to build your testing roadmap. (2021). Kameleoon. https://www.kameleoon.com/en/blog/Four-steps-build-testing-roadmap.

Pavlovich, S. (16. September 2020). Stephen Pavlovich, Author at Conversion. Com. https://conversion.com/blog/author/stephenpavlovich/.

Purohit, B. (7. Januar 2021). Amazon conversion: Rate, process, and tracking. sellerapp blog – Amazon seller updates & strategies. https://www.seller-app.com/blog/amazon-conversion-rate/#:%7E:text=Amazon%20 Conversion%20Rate%3F-,What%20Is%20Amazon%20Conversion%20 Rate%3F,members%20convert%20typically%20at%2013%25. Zugegriffen: 26. Sept. 2021.

Rusonis, S. (29. Juni 2018). How to write a solid A/B test hypothesis | Optimizely Blog. Optimizely. https://blog.optimizely.com/2015/01/29/why-an-experiment-without-a-hypothesis-is-dead-on-arrival/.

Siroker, D., & Koomen, P. (2015). *A/B Testing: The most powerful way to turn clicks into customers* (1. Aufl.). Wiley.

Security check. (2020). Zendesk.Com. https://amalyze.zendesk.com/hc/de/articles/360011553799-Anzahl-der-Produkte-ASINs-im-Recherchemodul. Zugegriffen: 26. Sept. 2021.

Statista. (28. Januar 2019). Conversion-Rate im E-Commerce nach Branchen in Deutschland 2018. https://de.statista.com/statistik/daten/studie/677869/umfrage/conversion-rate-nach-branchen/. Zugegriffen: 26. Sept. 2021.

Widerfunnel. (2021). Prioritize testing with the PIE framework https://www.widerfunnel.com/pie-framework/. Zugegriffen: 26. Apr. 2021.

Wikipedia. (o. J. a). Kontinuierlicher Verbesserungsprozess. https://de.wikipedia.org/wiki/Kontinuierlicher_Verbesserungsprozess. Zugegriffen: 26. Apr. 2021.

Wikipedia contributors. (10. November 2020). Research online, purchase offline. Wikipedia. https://en.wikipedia.org/wiki/Research_online,_purchase_offline. Zugegriffen: 26. Sept. 2021.

3

Quellen zur Generierung von A/B-Testideen

Zusammenfassung Viele Unternehmen stehen am Anfang von Testprojekten vor der schwierigen Herausforderung, die passenden Ideen für A/B-Testprojekte zu finden. Dieses Kapitel widmet sich den Ansätzen und Quellen zum Finden der passenden Ideen für A/B-Tests, angefangen von Webanalysestatistiken bis hin zu Fokusgruppeninterviews und Onlinebefragungen.

Was Sie aus diesem Kapitel mitnehmen

- Welche Datenquellen liefern Ihnen die passenden Testansätze?
- Welche Rolle spielen Webanalysedaten in Ihrer Testing-Strategie?
- Wie können Sie quantitative und qualitative Daten miteinander kombinieren?
- Welche Rollen spielen Personas bei der Beschäftigung mit Ihrer Zielgruppe?

Wie Sie in der Studie in Abb. 3.1 gesehen haben, sehen 57 % der Unternehmen vor allem die Planungsphase von A/B-Tests als deren kritischste Phase. Um in diesem Rahmen auf die bestmöglichen Ansätze

M. Witzenleiter, *Quick Guide A/B Testing*, Quick Guide, https://doi.org/10.1007/978-3-658-34649-2_3

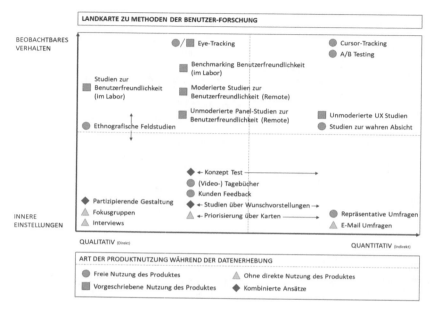

Abb. 3.1 Darstellung unterschiedlicher User-Research-Methoden. (Quelle: Eigene Darstellung in Anlehnung an Rohrer, 2014)

für Tests zu kommen, bietet es sich an, sich über mögliche Quellen für Testideen Gedanken zu machen. Hierzu hat Christian Rohrer (2014) eine sehr umfassende Studie zum Thema User Experience Research veröffentlicht, bei der er 20 verschiedene User-Experience-Research-Methoden auf Basis eines Schemas von drei Dimensionen klassifiziert hat. Abb. 3.1 zeigt die Einordnung dieser Methoden in die Dimensionen Einstellungen vs. Verhalten, qualitative und quantitative Ausprägungen und den Kontext der Nutzung (Rohrer, 2014).

Im Rahmen von A/B-Tests im Online- und Digitalbereich spielen vor allem die verhaltensbasierten Konzepte eine wichtige Rolle, da der Onlinebereich durch seine Interaktivität und permanente Messbarkeit eine Vielzahl von auswertbaren Daten liefert. Häufig stehen Unternehmen dort eher vor der Herausforderung, zu viele Analysedaten zu haben, und drohen den Überblick zu verlieren.

Grundsätzlich bieten die verhaltensbasierten Daten, wie der Name schon sagt, eine bessere Erklärung des Userverhaltens als einstellungsbasierte Daten, bei denen User nach ihren Einstellungen und Präferenzen befragt werden. Denn nicht immer tun Menschen auch wirklich das, was sie sagen. Dies kann man unter anderem an Wahlausgängen sehen, bei dem bestimmte Parteien in Umfragen zwar als klare Sieger gelten, am Wahltag aber häufig dann doch eine Überraschung erleben. Daher sollte wenn möglich bei der Generierung von Ansätzen im A/B-Testing vermehrt auf „beobachtbare" Daten gesetzt werden anstatt auf Befragungen zu Einstellungen. Dies setzt aber voraus, dass in der Regel bereits ein Medium vorhanden ist, zu dem Daten vorliegen, bzw. ein Prototyp gebaut wurde, mit dem man erste Nutzertests durchführen kann. Außerdem können einstellungsbasierte Verfahren auch eine gute Vorhersage der Zukunft liefern. Zum Beispiel kann es sinnvoll sein, die Einstellung der Zielgruppe zum Thema Nachhaltigkeit zu erfragen, da sich das Verhalten der Zielgruppe im Lauf der Zeit basierend auf dieser Einstellung ändern könnte. Zum Beispiel war es für die Zielgruppe vor einigen Jahren eventuell normal, eine positive Einstellung zum Thema Nachhaltigkeit zu haben und dennoch Mode und Schmuck zu kaufen, der aus nicht nachhaltigen Materialien und Produktionsprozessen stammt. Mit dem Aufkommen erster Produkte, die beide Kriterien erfüllten, begannen auch die User, ihr Verhalten beim Kauf von Kleidung zu ändern, sodass Kunden heutzutage in nahezu jedem Mode-Onlineshop bereits nachhaltige Kleidung kaufen können.

Eine weitere Dimension in diesem Schema ist die Unterscheidung zwischen quantitativen und qualitativen Daten. Qualitative Studien generieren Daten über Verhaltensweisen oder Einstellungen, die auf direkter Beobachtung beruhen, während bei quantitativen Studien die Daten über das betreffende Verhalten oder die Einstellungen indirekt durch eine Messung oder Verfahren wie Umfragen oder Webanalysedaten generiert werden. Es bietet sich bei A/B-Tests, die übrigens nach dieser Definition auch ein quantitatives Verfahren sind, an, diese Verfahren daher auch mit qualitativen Verfahren zu ergänzen. Zum Beispiel könnte das der zusätzliche Einsatz von Befragungen sein, da A/B-Tests als quantitative Verfahren eben meist nur eine Antwort auf das „Was?" liefern und nicht auf das „Warum?". Die dritte Dimension dieses Schemas ist der Nutzungskontext, der sich mit der Frage beschäftigt, ob und wie die Nutzer ein bestimmtes Produkt oder einen Service nutzen. Hierbei kann man zwischen den folgenden Kriterien unterscheiden (Rohrer, 2014):

- **Natürliche oder annähernd natürliche Nutzung**
- **Geskriptete Nutzung**
- **Angeleitete natürliche Nutzung**
- **Nichtnutzung im Rahmen der Studie**

3.1   Clickstream-Analysen

Clickstream-Analysen, oder auch Webanalysen genannt, werten die Customer Journey auf Basis von Webanalysesystemen aus. Sie bilden die Basis für jede Optimierung, da man in der Regel nur damit die nötige Zahlenbasis für Testing-Projekte bekommen kann. Webanalysedaten sind für A/B-Tests daher unabdingbar. Um aus diesen Daten sinnvolle Ansätze für A/B-Tests zu bekommen, bietet es sich an, sich zunächst einen Überblick über die Customer Journey des Kunden zu verschaffen. Darunter kann man den Prozess des Kunden bis hin zum Kauf verstehen, der über mehrere sogenannte Touchpoints (Kontaktpunkte) verfügt. Bei diesem Konzept geht man davon aus, dass Nutzer in der Regel mehrere Anstöße über externe Kanäle sowie der Webseite selbst brauchen, um eine Transaktion durchzuführen. Abb. 3.2 zeigt eine visuelle Darstellung dieses Prozesses. Dieses Schema sieht in den meisten Shops ähnlich aus.

Sobald man sich einen Überblick über die Nutzungspfade des Kunden gemacht hat, beginnt die eigentliche Datenanalyse. Hierzu versucht man sich über gängige Webanalytics-Systeme wie Google Analytics, Matomo, Mixpanel oder andere einen Überblick über die Messwerte dieser Customer Journey zu verschaffen.

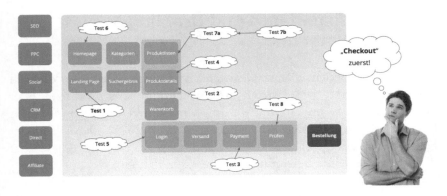

Abb. 3.2 Visuelle Darstellung einer Customer Journey. (Quelle: Eigene Darstellung)

Wichtige Kennzahlen, die dabei behilflich sind, sind Absprungraten, Abbruchraten, Verweildauer, Klickraten etc. Häufig verwendet man in Analytics-Systemen auch sogenannte Funnel-Analysen, die diesen Prozess in Form eines Trichters visualisieren und so auf einen Blick erste Ansätze zur Identifikation von unterperformanten Seiten liefern. Ein guter Tipp zur Arbeit mit Webanalysesystemen ist dabei stets, die Kennzahlen unmittelbar mit der Seite, auf der sie erhoben werden, in Verbindung zu setzen. Sofern Sie über zwei Bildschirme besitzen, bietet es sich dafür an, die Analysemöglichkeiten über das Webanalytics-System zu identifizieren und parallel diese Seiten zu öffnen, um sich Gedanken über erste Testhypothesen machen zu können. Visualisierungstools wie Heatmaps helfen dabei, den passenden Kontext auf der Seite herzustellen. Eventuell bieten sich außerdem auch ergänzende Lösungen wie Visitor-Motion-Tools an, die die Mausbewegungen von Usern erfassen und so auch Rückschlüsse über die beobachtbaren Verhaltensweisen auf der jeweiligen Webseite liefern. Allerdings sollte an der Stelle erwähnt werden, dass es bislang noch umstritten ist, inwiefern die Mausbewegungen deckungsgleich mit den Blickrichtungen des Users sind. Zudem kann es ein sehr zeitintensives Vorhaben werden, sich durch Tausende von Visitor-Motion-Videos hindurchzuklicken.

3.2 User Experience und Usability Benchmarking

Unter User Experience, kurz UX, versteht man die Disziplin, die sich damit beschäftigt, wie Nutzer die Bedienung einer Webseite oder digitalen Applikation empfinden. Im Mittelpunkt steht das Erlebnis (die Experience), die sich ihnen bietet. (Morys, 2012) Dabei liegt der Fokus auf einem optimalen Erlebnis und Spaß bei der Nutzung (Joy of Use). Entscheidende Bewertungsfaktoren sind dabei:

- Wahrgenommene Ästhetik
- Simplizität
- Forderung
- Innovationsgrad
- Gebrauchstauglichkeit im Gesamtkonzept

Die User Experience hat einen starken Einfluss auf die Motivation des Users und bildet daher einen wichtigen Ausgangspunkt für die Optimierung durch A/B-Testing-Projekte. Zumal User-Experience-Aspekte auch direkt bei der Durchführung von A/B-Tests eine wichtige Rolle spielen können. User-Experience-Analysen bieten sich daher nicht nur vor A/B-Tests, sondern auch während ihrer Durchführung an. Mögliche Maßnahmen, um die User Experience zu messen, sind Befragungen, szenariobasierte Usertests, bei denen Nutzergruppen eine bestimmte Aufgabe auf der Seite zu erledigen haben und Feedback zu Ihrem Vorankommen und den Empfindungen dabei geben, sowie Eyetrackingprojekte, bei denen über spezielle Maschinen gemessen werden kann, welchen Elementen der Webseite User ihre Aufmerksamkeit schenken. Da diese Studien sehr kosten- und zeitintensiv sind, bieten sie sich nicht für jeden A/B-Test an. Dennoch können sie wichtige Maßnahmen zum Beispiel beim stufenweisen Ausrollen von Webseitenveränderungen im Rahmen eines Webseitenrelaunches sein.

Ein Unteraspekt der User Experience ist die sogenannte Usability, zu Deutsch: Gebrauchstauglichkeit. Diese wird in der DIN EN ISO9241 definiert. Wichtigstes Ziel der Usability ist, dass Nutzer messbare Ziele effektiv, effizient und zufriedenstellend bezogen auf den

Nutzungskontext durchführen können (Wikipedia, 2021). Usability hat daher auch viel mit den Gewohnheiten von Nutzern zu tun. Eine regelmäßige Beobachtung und Analyse der Usability von Wettbewerbern scheint daher ratsam, da deren Prozesse eine gewisse Form der Erwartungshaltung der User abbilden können. Bewegen sich Ihre Nutzer häufig auf Konkurrenzseiten wie Amazon etc., gewöhnen sie sich auch an die Interaktionselemente dieser Seiten. Bieten Sie nun eine gänzlich andere Usability auf der Webseite, kann das für Sie eher negativ zu Buche schlagen. Im Rahmen der Usability lassen sich heutzutage leider nur wenige Wettbewerbsvorteile generieren. Häufig ist die Usability nicht der Grund für die Conversion des Kunden. Umgekehrt sorgt aber eine schlechte Gebrauchstauglichkeit dafür, dass Nutzer frustriert wieder die Webseite verlassen. Es empfiehlt sich hier, über regelmäßige Markt- und Wettbewerbsbeobachtungen die Usability konstant im Auge zu behalten und Updates auf der Webseite und im Shop dazu durchzuführen. Im A/B-Testing helfen Usabilityansätze dabei, Prozesse zu vereinfachen oder Auswahlfelder klarer beschreiben zu können. Eine negative Usability schlägt sich belastend auf die Conversion Rate nieder. Da eine negative Usability auch mit Fehlern im Shop zusammenhängen kann, muss dabei aber differenziert werden. Offensichtliche Usabilityprobleme im Shop bieten sich eher nicht für A/B-Tests an, sondern sollten schnellstmöglich behoben werden. A/B-Tests kommen im Bereich der Usability daher eher bei unklaren Fragestellungen zum Tragen, wie beispielsweise „Soll ich die Auswahl eher über Radio-Buttons oder als Drop-down-Feld darstellen?".

3.3 User Labs und Studien

Direktes Userfeedback kann ein wichtiger Erfolgsfaktor für gute A/B-Testprogramme sein. Bei User Labs denken viele Unternehmen gleich an umfangreiche Studien mit mehreren Hundert Teilnehmern über externe Spezialagenturen. Doch auch auf kleiner, selbst durchgeführter Basis, können Laborsituationen einen wichtigen Anhaltspunkt für Testansätze liefern. Dabei reicht es unter Umständen, bereits 3–12 Teilnehmer zu akquirieren, die Zielgruppe Ihrer Angebote sind oder sein könnten (Rohrer, 2014). Im Unternehmensumfeld könnten das Mitarbeiter oder Freunde und Bekannte von Mitarbeitern sein. Man kann mit diesen sogenannte Fokusgruppendiskussionen führen, bei denen die Gruppe mit dem Interviewer zu einem vorgegebenen Thema diskutiert, oder auch Einzeldiskussionen, bei denen der Interviewte parallel vorgeschriebene Aufgaben erfüllen muss. Der Vorteil dabei ist die Zielgruppensicht, die in diesen Fällen der Expertensicht bei der Generierung von Optimierungsansätzen überlegen sein kann. Immerhin spiegelt es direkt das Feedback der Zielgruppe wieder. Experten tendieren dazu, bestimmte Themen auf der Webseite durch ihre Gewohnheiten nicht mehr zu hinterfragen: Zum Beispiel: Die „Über uns"-Seite befindet sich sonst auch immer im Footerlinkbereich … Die Usersicht kann helfen, eingefahrene Denkmuster aufzusprengen und neue Ansätze für Optimierungen zu finden. Aufgrund der geringen Fallzahl sollte man jedoch nicht jedes Feedback unmittelbar als Meinung der gesamten Zielgruppe klassifizieren, sondern das Ganze als Denkanstoß für weitere Tests betrachten. Einer der fortschrittlichsten Ansätze für solches direktes Userfeedback über Interviews wird beispielsweise von Joybräu praktiziert. Dieses Start-up ist auf die Produktion von alkoholfreiem Proteinbier spezialisiert und lädt die Kunden regelmäßig zu direkten Feedbackgesprächen mit dem Gründer ein, wofür man sich unmittelbar per E-Mail einen Termin reservieren kann.

3.4   Befragungen

Umfragen sind ein hervorragender Weg, um qualifiziertes Feedback zu konkreten Nutzungssituationen und Problemen der User zu bekommen. Bei der Optimierung von Webseiten und digitalen Produkten über A/B-Tests spielen dort vor allem zwei Ausprägungen eine wichtige Rolle (Rohrer, 2014):

a) **Befragungen auf der Seite:** Hierbei bekommen Nutzer direkt während ihrer Nutzung einen Fragebogen ausgeliefert, über den sie direktes Feedback zu ihren Zielen, Problemen und Hintergründen geben können. Der Vorteil ist, dass die Nutzer unmittelbar im Nutzungskontext befragt werden können und daher sehr viel qualifiziertes Feedback möglich ist. Der Nachteil ist, dass Nutzer durch die Befragung von der Nutzung abgelenkt werden und das Ziel ihres Besuchs aus den Augen verlieren können. Ein guter Kompromiss dazu ist beispielsweise das Aussteuern des Fragebogens unmittelbar bei Verlassen der Webseite über ein sogenanntes Exit-Intent-Layer, das ausgesteuert wird, wenn der Nutzer die Seite schließen möchte, oder aber die Taktung der Aussteuerung erst nach mehreren Minuten Verweildauer auf der Seite.

b) **Befragungen per E-Mail:** Dabei werden die Nutzer zeitverzögert per E-Mail zur Befragung eingeladen. Man kann darüber die Befragung außerhalb des Nutzungskontexts durchführen und eventuell mit einem Incentive die Teilnahme vergüten. So könnte man darüber auch Anreize für die weitere Nutzung durch Gutscheine für die eigenen Angebote etc. schaffen, um nicht nur die Response Rate der Befragung zu erhöhen, sondern gleichzeitig auch die Kundenloyalität.

Bei beiden Verfahren sollte jedoch berücksichtigt werden, dass User, die bei Befragungen mitmachen, nicht zwangsläufig die Gesamtheit aller Nutzer darstellen müssen. Beispielsweise dürfte die Antwortquote bei positiv oder stark negativ gestimmten Nutzern überproportional liegen. Ein mögliches Incentive kann die Nutzer ebenfalls beeinflussen. Erkenntnisse der Psychologie zeigen zudem, dass User häufig zu wohlwollend in solchen Umfrageszenarien antworten.

3.5 Personas

Eine weitere Inspirationsquelle kann die Arbeit mit Personas sein. Bei Personas handelt es sich um prototypische Stellvertreter eines Nutzer- oder Kundensegments, das anhand von Namen, Charakter und einem Porträt definiert wird (Adlin & Pruitt, 2010), um die Zielgruppe greifbar zu machen. Häufig arbeiten Unternehmen mit einer Anzahl von 4 bis 10 Personas. Je genauer die Beschreibung einer Persona, desto höher meist auch der inspirative Charakter des Ansatzes. Beschreibung der Hobbies, genutzten Medien etc. spielen dabei daher eine wichtige Rolle. Das Konkurrenzmodel einer Persona wäre letztlich die Beschreibung eines durchschnittlichen Users auf Basis der im CRM-System vorhandenen Daten oder auf Basis der Webanalysedaten. Das Gefährliche bei diesem Ansatz ist jedoch, dass durchschnittliche User meist nicht die Gesamtheit abbilden können. Hierzu ein Beispiel: Nehmen wir einmal an, Sie betreiben einen Shop für Elektronikartikel. Auf Basis Ihrer CRM-Daten sehen Sie, dass ein durchschnittlicher Nutzer bei Ihnen ca. 39 Jahre alt ist und einen Nettowarenkorbwert von im Schnitt 120 € erwirtschaftete. Wenn Ihnen nur diese Daten vorliegen, werden Sie nun wahrscheinlich beginnen, Ihre Akquisitionskanäle auf Nutzer mittleren Alters (35–44 Jahre) auszurichten und Ihre Startseite wohl stark mit Artikeln in der Preiskategorie um 120 € bestücken. Das könnte jedoch ein großer Trugschluss sein, wenn Sie Tests nun auf dieser Basis durchführen. Denn eventuell kommt der Altersdurchschnitt von 39 Jahren nur deshalb zustande, da bei Ihnen vor allem jüngere Nutzer (<20 Jahre) und Kunden über 60 Jahren einkaufen. Wenn Sie Ihre Aktionen auf einen Nutzer im Alter von 39 Jahren ausrichten, werden Sie keiner dieser Zielgruppen gerecht werden können. Ebenso verhält es sich mit dem Warenkorbwert, wenn beispielsweise jüngere Nutzer bevorzugt Blu-Rays und Computerspiele im Wert von bis zu 50 € einkaufen und ältere Nutzer vor allem Elektrogeräte über 200 € Warenwert bestellen. Eine segmentierte Betrachtung Ihrer Nutzer erscheint vor diesem Hintergrund sehr sinnvoll. Zu beachten gilt dabei aber, dass die Personas auf Basis von fundierten Zielgruppenkenntnissen erstellt werden. Immerhin sollen sie Ihre gesamte Nutzerschaft in allen Aspekten abdecken. Sinnvoll erstellt, können diese Personenbeschreibungen dann plakativ in Büros hängen und bei der täglichen Arbeit eine bildliche Vorstellung der Zielgruppe liefern. Es trägt durchaus zur Optimierung der User Experience bei, sich regelmäßig zum Beispiel die Frage zu stellen: What would Lothar do?

Kritikpunkte an der Arbeit mit Personas sind jedoch immer ihre subjektive Erstellung und dass zunehmend moderne Targeting-Möglichkeiten deutlich verhaltensrelevantere Segmentierungsmöglichkeiten liefern, zum Beispiel über die Erschaffung von

Kaufwahrscheinlichkeitssegmentierungen über künstliche Intelligenz. Die Arbeit mit Personas rückt damit leider in der Praxis etwas in den Hintergrund.

Fazit

Es gibt eine Vielzahl quantitativer und qualitativer Verfahren, um Ansätze für A/B-Tests zu generieren. Die Basis sollten hierfür immer zunächst Webanalytics-Daten sein, die je nach Fragestellung ergänzend durch qualitative Maßnahmen wie Befragungen und Studien ergänzt werden können. Für jeden A/B-Tester lohnt sich daher die Beschäftigung mit dem Thema Webanalyse, bzw. sollte alternativ ein guter Draht zur jeweiligen Fachabteilung im Unternehmen gepflegt werden. Getreu dem Motto gilt es: Richtig analysiert ist der A/B-Test schon halb gewonnen.

Ihr Transfer in die Praxis

- Treffen Sie für sich die passende Wahl, welche quantitativen und qualitativen Verfahren Sie in Ihrer Organisation einsetzen möchten.
- Stellen Sie sich mit Ihrer Webanalyseabteilung gut oder beschäftigen Sie sich selbst mehr mit dem Thema über entsprechende Zugänge zum Webanalysetool.
- Setzen Sie Personas ein und versuchen Sie, Kundencluster zu bilden.
- Vergessen Sie das Konzept des durchschnittlichen Users, diesen gibt es in der Praxis so gut wie nie.

Literatur

Adlin, T., & Pruitt, J. (2010). *The essential persona lifecycle: your guide to building and using personas* (Illustrated). Morgan Kaufmann.

Morys, A. (2012). *Conversion-Optimierung – Praxismethoden für mehr Markterfolg im Web*. Entwickler press.

Rohrer, C. (2014). *When to use which user-experience research methods*. Nielsen Norman Group. https://www.nngroup.com/articles/which-ux-research-methods/. Zugegriffen: 26. Sept. 2021.

Wikipedia. (2021). Usability. Wikipedia. https://en.wikipedia.org/wiki/Usability. Zugegriffen: 26. Sept. 2021.

4

Zielgruppen

Zusammenfassung Über Zielgruppenselektionen lassen sich A/B-Tests nicht nur einsetzen, um für den durchschnittlichen Nutzer eines Experiments die beste Version identifizieren zu können, sondern auch dazu, um zielgruppengerechte Ansprachen etc. zu identifizieren. Die Ausbaustufe davon lässt sich als Personalisierung beschreiben und dient dazu, teils oder komplett auf den Nutzer abgestimmte Angebote zu erstellen.

Was Sie aus diesem Kapitel mitnehmen

- Unterscheidung, was Segmentierung, Targeting und Personalisierung sind.
- Warum es sinnvoll sein kann, Tests nur an bestimmte Zielgruppen aus-zusteuern.
- Warum Personalisierung die nächste Stufe des A/B-Testings werden können.
- Was Sie aus einer späteren Segmentierung von Testergebnissen lernen.

© Der/die Autor(en), exklusiv lizenziert durch Springer Fachmedien Wiesbaden GmbH, ein Teil von Springer Nature 2021
M. Witzenleiter, *Quick Guide A/B Testing,* Quick Guide,
https://doi.org/10.1007/978-3-658-34649-2_4

Sobald Sie mit dem Thema A/B-Testing starten, werden Sie sich bereits bei der Hypothesengenerierung sehr intensiv mit dem Thema der Zielgruppen auseinandersetzen. Dabei lässt sich zwischen einer sogenannten *a-priori-Zielgruppenselektion,* im Onlinebereich *Targeting* genannt, und einer sogenannten *a-posteriori-Zielgruppenselektion,* im Onlinebereich **Segmentation genannt,** unterscheiden (Siroker & Koomen, 2015). Hinter beiden Konzepten steckt die Erkenntnis, dass ein A/B-Test, der auf alle Nutzer einer Webseite oder eines digitalen Angebots ausgesteuert wird, nur globale Aussagen liefert, und, wenn man so will, eben nur eine Erkenntnis für den durchschnittlichen Nutzer eines Angebots liefert. Das Problem mit durchschnittlichen Usern ist nur, dass es diese in der Realität meist sehr selten gibt. Hierzu ein Beispiel: Wenn Ihre Webseite sich sowohl an eine Kernzielgruppe von 20–30 Jahren wie auch an eine Zielgruppe zwischen 50–60 Jahren wendet, werden Sie zu der Erkenntnis gelangen, dass Ihr durchschnittlicher User ca. 38 Jahre alt sein dürfte. Sie merken aber anhand des Beispiels, dass dieser Nutzer so auf der Webseite wohl kaum existiert, da er außerhalb der beiden Kernzielgruppen liegt. Sofern Sie Ihre Webseite nur auf diesen User optimieren, werden Sie all Ihre Aktionen an Ihren beiden Kernzielgruppen vorbeiplanen und dementsprechend wohl kaum erfolgreich sein. Wie bei diesem Beispiel gilt daher auch beim A/B-Testing, sich intensiv mit den unterschiedlichen Nutzern zu beschäftigen, um Aktionen auf die passenden Zielgruppen aussteuern zu können und zu den richtigen Erkenntnissen bei der Auswertung Ihrer Tests zu gelangen.

4.1   Segmentiertes Testing: Targeting

Das Targeting wird vor dem Test festgelegt und sorgt dafür, bestimmte Zielgruppen für Tests ein- oder auszuschließen. Hierfür bieten A/B-Testing-Tools eine Vielzahl von Targeting-Kriterien, häufig Segmente oder Kohorten genannt, die man dafür anwenden kann. Diese lassen sich in der Regel selektieren und über sogenannte boolesche Operatoren (und/oder/nicht) miteinander kombinieren. Ein Targeting für einen Test vorab zu definieren ist dann sinnvoll, wenn der Test sich an eine definierte Zielgruppe richtet und eine Aussteuerung auf andere Nutzer das Ergebnis verzerren würde. Zum Beispiel, weil er sich nur an Nutzer richtet, die eine Funktion der Webseite zum ersten Mal nutzen. Hier können Hilfstexte und eingeblendetes Guiding die Nutzung der Funktion für unerfahrene Nutzer sehr vereinfachen. Bestandsnutzer sind von solch einer Funktionalität allerdings eher genervt, und die Gefahr diese zu verlieren, könnte in diesem Fall sehr hoch sein. Daher bietet es sich an, einen Test für diesen „Onboarding"-Prozess nur auf neue Nutzer der Webseite und nicht auf wiederkehrende oder bereits registrierte Besucher auszusteuern. Hier kann ein gesetztes Targeting also sehr hilfreich sein. Ein weiterer häufiger Fall für Segmentierung ist beispielsweise auch der Ausschluss von Nutzern, die bereits in einem anderen Test enthalten sind. Sofern Sie mehrere A/B-Tests parallel auf einer Webseite durchführen, kann es mitunter sinnvoll sein, die Nutzer zu trennen, die in verschiedenen Tests einbezogen sind. Damit lassen sich zum Beispiel Abhängigkeiten und Verzerrungen zwischen Tests umgehen. Abb. 4.1 zeigt eine Übersicht von gängigen Selektionskriterien, die im A/B-Testing-Bereich häufig zum Tragen kommen.

Wie auch bei sonstigen Markt- oder Kundensegmentierungsansätzen sollten dabei folgende Kriterien bei der Auswahl der geeigneten Segmentierungskriterien berücksichtigt werden (analog zu wiwiweb.de, 2019):

Gängigste Segmentierungskriterien für Online-Experimente		
BESUCHTE SEITEN	**AKQUISITIONSKANÄLE**	**BESUCHERMERKMALE**
· Page URL	· Landing Page URL	· Browser Sprache
· Page Title	· Art des Traffics	· Neuer oder wiederkehrender Besucher
	· Akquise-Kanal	· IP Standort
	· Referrer URL	· Benutzerspezifische Daten
		· Erreichte Ziele
VERHALTENSBASIERTE MERKMALE	**KONTEXTUELLE MERKMALE**	**TECHNISCHE MERKMALE**
· Vorherig-besuchte Seite	· Wetter (Vorhersage und Aktuelles)	
· Verlassen der Seite	· Wochentag	· Individuelle JavaScript Bedingungen
· Wichtigste Seiten	· Datumsbereich	· Browser Cookie
· Anzahl der aufgerufenen Seiten	· Zeitspanne	· Benutzerdefiniertes Event
· Dauer des Besuchs		· Browser
· Anzahl der Besuche	**PRODUKT- / PREISGESTALTUNG**	· Erscheinen eines Elements auf der Seite
· Häufigkeit der Besuche	· Preise der aufgerufenen Produkte	· Betriebssysteme
· Erreichte Ziele	· Anzahl der aufgerufenen	· Geräteart
· Interne Suchbegriffe	Produkt/Kategorie-Seiten	· Bildschirm Auflösung
· Anzahl der geöffneten Tabs auf der Webseite		· Adblocker

Abb. 4.1 Gängigste Segmentierungskriterien in A/B-Tests. (Quelle: Eigene Darstellung)

1. **Verhaltensrelevanz und Aussagefähigkeit für den Test:** Kann ich anhand des Targetings eine Relevanz zum Verhalten des Nutzers darstellen? Hat das Segmentierungskriterium oder die Segmentierungskombination Einfluss auf die Ziele und das Ergebnis des A/B-Tests?

2. **Zugänglichkeit/Messbarkeit:** Lässt sich das gewünschte Targeting auch wirklich über die A/B-Testlösung abbilden? Beispielsweise: Ist ein regionales Targeting über die Lösung möglich, oder reicht die Cookie Lifetime, um das zeitliche Kriterium wirklich abbilden zu können. Beispielsweise kann ein Test daran scheitern, wenn er Nutzer der letzten 6 Monate identifizieren soll, das entsprechende Cookie aber nur eine Laufzeit von 60 Tagen hat.

3. **Zeitliche Stabilität:** Dies bedeutet nicht nur, dass die Segmentierungskriterien während des A/B-Tests selbst stabil bleiben sollten, sondern auch, dass die Segmentierung auch danach weiterhin einsetzbar bleiben sollte. Zum Beispiel könnte man die Gewinnervariante des Tests danach weiterhin segmentiert als sogenannte 100 %-Ausspielung laufen lassen. Das bedeutet, dass diese Variante danach 100 % der Besucher abbekommt und über einen längeren Zeitraum aktiv bleibt. Meist ist dies der Einstieg in das Thema Personalisierung, bei dem die ganze Webseite oder einzelne Elemente an bestimmte Nutzergruppen angepasst und so dauerhaft Varianten für bestimmte Segmente ausgesteuert werden.

4. **Wirtschaftlichkeit der Segmentierung:** Die Ausspielung der Segmente sollte wirtschaftlich darstellbar sein. Dies bedeutet, dass der Bau eines speziellen Targetings nicht den möglichen realisierbaren Umsatz beziehungsweise Nutzen überschreiten sollte. Diese Hürde ist glücklicherweise bei gängigen clientseitigen A/B-Testing-Lösungen sehr gering, da diese meist bereits integriert und einfach über das Tool adressierbar sind. Im Falle des serverseitigen Testings, auf das im späteren Verlauf noch eingegangen werden soll, kann der Bau von Segmentierungskriterien jedoch deutlich zeit- und kostenintensiver werden, je nachdem, welche Segmentierungsinformationen auf den eigenen Servern möglich sind.

4.2 Zielgruppenfilter: segmentieren

Wie bereits angesprochen, lässt sich auch nach einem A/B-Test nachträglich eine segmentierte Auswertung durchführen, was eine Alternative zum angesprochenen Targeting bildet. Dabei wird der Test zunächst an alle Nutzer ausgespielt und danach werden im Reporting der Testlösung Usersegmente gebildet. Dabei lässt sich dann die Testperformance für ein bestimmtes Segment genauer analysieren. Zum Beispiel, indem verglichen wird, wie mobile User im Vergleich zu Usern am Desktop innerhalb des A/B-Tests abgeschnitten haben. Für den Erfolg Ihrer Webseite kann auch entscheidend sein, dass sie neue Besucher von wiederkehrenden trennen. Häufig haben sich existierende Nutzer bereits an vorhandene Elemente oder die allgemeine Benutzerführung gewöhnt. Ein Umbau kann diese Zielgruppe zunächst verwirren und eventuell auch für eine schlechtere Performance als im Status quo sorgen. Dies kann je nach Art des Umbaus durchaus normal sein. Mir sind viele Projekte bekannt, bei denen Shop- oder Webseitenrelaunchs zunächst eine negative Auswirkung auf die wichtigsten Unternehmenskennzahlen hatten, was sich in den meisten Fällen dann aber im Zeitverlauf schnell wieder gedreht hatte, wenn die Anpassungen nur aufgrund des Gewohnheitseffektes eine negative Performance zeigten. Ein segmentierter Test auf Basis neuer Besucher kann solche Risiken minimieren helfen, da man hier schnell erkennt, welche der beiden Zielgruppen für die schlechtere Performance zuständig ist. Zudem hilft er in der Regel auch, den Effekt einer bestimmten Gruppe auf den Ausgang des Tests zu bestimmen, um so das Ergebnis besser einordnen zu können bzw. daraus den Schluss einer dauerhaft laufenden Personalisierung zu ziehen. Hierzu sei folgendes Beispiel genannt. Die Auswertung eines A/B-Tests zeigt, dass Variante A der Gewinner des Experiments ist. Wenn Sie jedoch den A/B-Test segmentieren, sehen Sie, dass Nutzer, die in dem zu vertestenden Shop bereits einmal gekauft haben, eine deutlich höhere Conversion Rate bei Variante B haben. Da diese Nutzeranzahl aber in Summe geringer ist als die Menge der Nichtkäufer, trägt deren bessere Performance bei Variante B nicht zu einem anderen Ergebnis des Gesamttests bei. Dies bedeutet, dass

im Durchschnitt zwar Variante A die bessere Version ist, für Bestands-
kunden aber Variante B. Diese Erkenntnis ist nur auf Basis einer Ergeb-
nissegmentierung des Tests möglich.

4.3 Personalisierung

Während man beim klassischen (unsegmentierten) A/B-Test von
einem sogenannten One-to-Many-Ansatz sprechen kann, beim
segmentiertem Testen von einem One-to-Few-Ansatz, so geht nun
die Reise zunehmend in den Bereich des One-to-One-Ansatzes der
Personalisierung (Siroker & Koomen, 2015). Dabei gibt es so gut
wie keine Standardvarianten mehr, sondern nur noch Webseiten und
Shops, deren User Experience individuell auf bestimmte Einzelziel-
gruppen ausgerichtet sind. Paradebeispiele für diese Art der Anpassung
von Webseiten und digitalen Produkten auf einzelne Nutzer sind
unter anderem Amazon und Google, die bereits ab der ersten Nutzung
eine individuelle Anpassung der Angebote, Inhalte oder der User
Experience auf den Besucher vornehmen. So sieht die Startseite von
Amazon in der Regel bei jedem Nutzer unterschiedlich aus, da die
angezeigten Produkt- und Kategorieempfehlungen speziell auf sein
Verhalten oder seine Präferenzen ausgerichtet sind. Sofern über diesen
Nutzer wenig Informationen vorhanden sind, bietet sogenanntes
Lookalike-Targeting die Möglichkeit, basierend auf ähnlichen Nutzer-
profilen wie des Kunden, Empfehlungen und personalisierte User
Experiences zu schaffen. So sieht jede Customer Journey auf diesen
Websites etwas anders aus und scheint zielgerichtet auf die Erfahrungen
und Erwartungshaltungen des Nutzers. Der Erfolg in Form einer
Conversion Rate von 9,55 % scheint Amazon Recht zu geben (Badger,
2020).

Ähnlich verhält es sich auch mit Google. Während früher
Suchmaschinenoptimierer noch betend und hoffend auf neue
Pagerank- oder Index-Updates gewartet haben, um eine Verbesserung
der Platzierung in den allgemeinen Suchergebnissen zu erzielen, gibt
es heutzutage so etwas wie eine allgemeine Platzierung in Google nicht
mehr. Vielmehr wird in gängigen Suchmaschinenreportingtools nur

noch eine durchschnittliche Platzierung ausgewiesen, die auf Basis der jeweiligen Platzierung in den individuellen bzw. personalisierten Suchergebnissen seiner Nutzer kalkuliert wird. Für diese Platzierung spielen individuelle Segmentierungskriterien (Region, Endgerät etc.) genauso eine Rolle wie das nutzerspezifische Klickverhalten in den Suchergebnissen. Dieser Ansatz hat sich auch bei diesem Anbieter bewährt und sichert ihm mit knapp 86 % weltweiten Marktanteil an Suchmaschinenanbietern im Januar 2021 eine komfortable Marktführerposition (Statista, 2021).

Der Weg führte bei beiden Anbietern von allgemeinen A/B-Tests über segmentierte Tests bis hin zu der angesprochenen individuellen Personalisierung. Dieser Weg könnte auch für Sie ein Best Practice sein.

Allgemein versteht man laut dem Analyseunternehmen Gartner unter Personalisierung (George, 2019) „a process that creates a relevant, individualized interaction between two parties designed to enhance the experience of the recipient". Also den Prozess einer relevanten, individualisierten Interaktion, die die User Experience verbessern soll. Dabei ist die Bandbreite der Personalisierungsmöglichkeiten ähnlich breit wie die von A/B-Tests und umfasst: Inhalte, Design, Produkte, Services von Webseiten, Apps, E-Mails etc. Grundlegende Elemente von Personalisierungstools sind meist Contentpersonalisierung, Suchpersonalisierung, E-Mail-Personalisierung, Product Recommendations und Aktivierung der Nutzer über Merchandising und Push Notifications. Wie stark die Grenzen zwischen Test und Personalisierungen verschwinden, lässt sich auch daran erkennen, dass die meisten A/B-Testanbieter mittlerweile Personalisierungsfeatures mitbringen und vice versa. Es ist daher nicht ausgeschlossen, dass A/B-Testing zukünftig keine eigene Disziplin, sondern integrierter Bestandteil des Themas Personalisierung sein wird. Gartner sieht das ähnlich, was davon abgeleitet wird, dass die Toppositionierung eines Anbieters im „Magischen Quadranten" von Gartner nur bei vorhandenen A/B-Testfeatures möglich zu sein scheint (Gartner, 2020).

Personalisierung sollte dabei unbedingt von Individualisierung bzw. Customization abgegrenzt werden. Während bei Individualisierung der User selbst eine Anpassung der Inhalte, Produkte etc. vornimmt, übernimmt diese Funktion die Webseite oder der Anbieter der Personalisierungslösung. Ein Beispiel dafür ist die Anpassung von Filtern und Sortierungen bei Suchergebnisseiten in einem Shop. Während bei einer Individualisierung der Nutzer die Suchergebnisse über entsprechende Filter an seine Wünsche anpasst, um so die für ihn passenden Produkte zu finden, übernimmt das bei der Personalisierung der Shop bzw. die Lösung für ihn, sodass ihm dieser Arbeitsschritt erspart wird (Salesforce, 2020). Dabei ist charakteristisch, dass diese Form der Personalisierung auf Basis der zum User vorliegenden Informationen stattfindet. Ähnlich wie ein Verkäufer in einem Ladengeschäft Kunden auch auf Basis klar ersichtlicher Informationen „personalisiert", zum Beispiel, da er basierend auf dem Aussehen und dem Kontext seines Besuchs vermutet, welches Alter derjenige hat, was die Anlässe für seinen Kauf sind und mit welchen Argumenten der Kunde am besten überzeugt werden kann.

Mittlerweile haben Kunden den Wunsch und auch die Erwartungshaltung, personalisiert zu werden. Beispielsweise geben 92 % der Marketer in einer Studie an (Zimmerman, 2020), dass ihre Kunden und Interessenten Personalisierung als Must-have erwarten. Die Gründe, um Personalisierungen durchzuführen, sind eine Verbesserung der Customer Experience, der Steigerung des Return-on-Investment oder die Generierung neuer Leads.

Fazit

Es empfiehlt sich, sich im Rahmen von A/B-Tests mit dem Thema Segmentierung zu beschäftigen. Dies kann entweder durch Targeting stattfinden, bei dem A/B-Tests bewusst nur an bestimmte Zielgruppen ausgesteuert werden, oder in Form der Segmentierung von A/B-Tests, bei der die Ergebniswerte eines A/B-Tests nach Segmenten klassifiziert werden, um so Zielgruppen zu entdecken, die einen wesentlichen Einfluss auf das Ergebnis hatten. Die höchste Stufe der Segmentierung stellt die Personalisierung dar, bei der die Webseite individuell an den Nutzer angepasst wird und userspezifischer Content, Produkte oder Designelemente ausgesteuert werden.

Ihr Transfer in die Praxis

- Überlegen Sie sich vor dem Test genau, ob es sinnvoll ist, nur eine bestimmte Zielgruppe einzuschließen.
- Segmentieren Sie Ihre Testergebnisse, um Rückschlüsse über das Verhalten bestimmte Nutzergruppen innerhalb Ihres Tests zu bekommen.
- Sammeln Sie erste Erfahrungen im Personalisierungsbereich und überlegen Sie sich, wie Sie das Konzept dauerhaft einsetzen können.

Literatur

Badger, T. (22. Dezember 2020). Amazon advertising stats (2020 Update). Ad Badger. https://www.adbadger.com/blog/amazon-advertising-stats/#:%7E:text=Your%20conversion%20rate%20is%20the,ad%20that%20convert%20into%20sales.&text=The%20average%20conversion%20rate%20on%20Amazon%20is%209.55%25. Zugegriffen: 26. Sept. 2021.

Gartner: Magic quadrant for personalization engines. (2020). Gartner. https://www.gartner.com/en/documents/3987480/magic-quadrant-for-personalization-engines. Zugegriffen: 26. Sept. 2021.

George, S. (2019). 3 Ways personalization can improve the employee experience – Smarter with Gartner. Copyright (C) 2021 Gartner, Inc. All Rights Reserved. https://www.gartner.com/smarterwithgartner/3-ways-personalization-can-improve-the-employee-experience/. Zugegriffen: 26. Sept. 2021.

Salesforce. (2020). Personalization defined: What is personalization? Salesforce.com. https://www.salesforce.com/resources/articles/personalization-definition/. Zugegriffen: 26. Sept. 2021.

Siroker, D., & Koomen, P. (2015). *A/B Testing: The most powerful way to turn clicks into customers* (1. Aufl.). Wiley.

Statista. (3. Februar 2021). Marktanteile der meistgenutzten Suchmaschinen weltweit bis Januar 2021. https://de.statista.com/statistik/daten/studie/225953/umfrage/die-weltweit-meistgenutzten-suchmaschinen/#:%7E:text=Im%20weltweiten%20Desktop%2DSuchmaschinenmarkt%20war,rund%206%2C84%20Prozent%20erzielte. Zugegriffen: 26. Sept. 2021.

Wiwiweb.de. (2019). Anforderungen an die Kriterien. https://www.wiwiweb. de/marketing/segment/segmentierun/anforderung.html. Zugegriffen: 26. Sept. 2021.

Zimmerman, A. (29. Mai 2020). Why the time is right for personalization. CMSWire.com. https://www.cmswire.com/digital-marketing/why-the-time-is-right-for-personalization/.

5

Statistik-Basiswissen zum Thema Testing

Zusammenfassung In diesem Kapitel lernen Sie die Grundlagen der Statistik, die Sie zur Anwendung von A/B-Tests in der Praxis benötigen. Sie erfahren, warum Statistik für Ihren Testing-Erfolg wichtig ist, wie Sie die ideale Stichprobe definieren und mit dem Thema Varianz umgehen. Sie lernen, was die Begriffe Konfidenzlevel und Signifikanzlevel bedeuten, was man unter einer Nullhypothese und einer Alternativhypothese versteht, welche Kennzahlen ein Reporting beinhalten sollte und ob sowie unter welchen Umständen A/A-Tests sinnvoll sein können.

Was Sie aus diesem Kapitel mitnehmen

- Statistikgrundlagen einfach dargestellt, die Sie für Ihr A/B-Testing benötigen.
- Warum diese Grundlagen so wichtig sind – und good news: mit diesem Kapitel werden sie verständlich dargestellt.
- Was hat es mit Stichprobe, Varianz, Konfidenz- und Signifikanzlevel sowie Null- und Alternativhypothese auf sich?
- Welche Kennzahlen ein Reporting beinhalten sollte.
- Unter welchen Umständen ein A/A-Test sinnvoll sein kann.

© Der/die Autor(en), exklusiv lizenziert durch Springer Fachmedien Wiesbaden GmbH, ein Teil von Springer Nature 2021
M. Witzenleiter, *Quick Guide A/B Testing*, Quick Guide,
https://doi.org/10.1007/978-3-658-34649-2_5

Mal Hand aufs Herz: War Statistik in der Schule oder im Studium Ihr Lieblingsthema? Die wenigsten werden diese Frage mit „ja" beantworten. Die schlechte Nachricht ist: Sie werden, wenn Sie sinnvolle und aussagekräftige A/B-Tests durchführen möchten, nicht an Statistik vorbeikommen. Denn: A/B-Tests ohne statistisches Know-how sind nicht besser, als auf sein Bauchgefühl zu hören. Und wer möchte seine businessrelevanten Entscheidungen aus dem Bauch heraus treffen? A/B-Tests sind nichts anderes als Experimente oder Feldversuche, wie man sie in der Psychologie oder in der allgemeinen Statistik am laufenden Band durchführt. Bei den sogenannten „Hypothesentests" (oder auch: t-Tests) geht es darum, vorab getroffene Annahmen zu beweisen (verifizieren) oder zu widerlegen (falsifizieren) (Siroker & Koomen, 2015). Zum Beispiel, dass die Hervorhebung eines Gütesiegels oder die Anpassung von Call-to-Action-Elementen (wie z. B. Bestellbuttons) zu einer höheren Bestellrate der Websitebesucher führt.

Die gute Nachricht ist: Sie brauchen sich dafür nicht vor umfangreiche Statistiklehrbücher setzen, sondern können sich das Wissen durch Lesen dieses Kapitels aneignen. Sinn und Zweck ist es, Sie mit dem Rüstzeug auszustatten, um A/B-Tests sinnvoll konzipieren zu können und Ergebnisse und Kennzahlen sinnvoll nutz- und interpretierbar zu machen. Da die Begrifflichkeiten und Prinzipien dahinter bei gängigen A/B-Testing-Tools ähnlich sind, werden Sie sich damit in jedem Tool zurechtfinden.

5.1   Ideale Stichprobe und Varianz

Die Eingangsfrage jedes Experiments oder Tests in der Statistik ist die Definition der Stichprobengröße und -zusammensetzung, die am besten die Grundgesamtheit der Nutzer widerspiegelt. (Kohavi et al., 2020). Anschauliches Beispiel: Bei einem Roulettespiel haben die Farben Rot und Schwarz dieselbe Wahrscheinlichkeit (48,6 %, es gibt noch die grüne 0). Was viele veranlasst, bei einer längeren Phase des Erscheinens von „Rot" krampfhaft auf „Schwarz" zu tippen, da beide gleich oft erscheinen müssten und nun „Schwarz" an der Reihe wäre. Das mag zwar bei rund 10.000 Runden Roulette in etwa stimmen, aber heißt noch lange nicht, dass die Verteilung auch bei 10 Runden 48,6 % ist. Dieser Irrtum über die „passende" Stichprobe dürfte schon einige ihre Ersparnisse geraubt haben. Auf dieses Grundproblem wird bei der Testinterpretation noch einmal eingegangen.

Erschwert wird die Wahl der Stichprobe dadurch, dass der Traffic einer Webseite nie konstant die gleichen Eigenschaften aufweist. So konvertieren Besucher je nach Herkunft oder Endgerät besser oder schlechter als der „durchschnittliche Nutzer". Ebenso beeinflussen bestimmte Aktionen, die vielleicht während eines Tests laufen (zum Beispiel eine Sale-Aktion), die Ergebnisse. Oder schlicht und einfach die Tatsache, dass Nutzer je nach Wochentag besser oder schlechter konvertieren kann ein potenzielles Störfeuer sein, die Ihre Testergebnisse verzerren können. Lange Testlaufzeiten und große Stichprobengrößen helfen, solche Verzerrungen zu vermeiden. Die meisten Conversion-Optimierer empfehlen als grobe Faustregel mindestens 1000 Conversions pro Variante bzw. eine Testlaufzeit von mindestens zwei, besser vier Wochen (Kohavi et al., 2020) Generell hängt die Stichprobengröße von folgenden vier Faktoren ab:

Faktoren, die die Stichprobengröße beeinflussen

1. Die aktuelle Conversion Rate des zu optimierenden Ziels (z. B. Bestellrate ist gleich 3,0 %).
2. Der generierte Uplift (die prozentuale Steigerung der Conversion, z. B. 5,0 %).
3. Das Konfidenzlevel (eine Aussagesicherheit von 95 % für Onlinetests wird empfohlen).
4. Die statistische Power (mehr im Abschn. 5.3, die meisten Testing-Tools gehen von 80 % Power aus.)

Grundsätzlich gilt: je größer der zu erwartende Uplift ist, desto weniger Fallzahlen benötigen Sie für einen aussagekräftigen Test. Für Seiten mit wenig Traffic kann es ein probates Mittel sein, bei Tests darauf zu achten, dass man die kritischsten und erfolgversprechendsten Punkte priorisiert angeht und sich nicht auf Feintunings mit geringen möglichen Uplifts konzentriert. **Aber Vorsicht, nur den zu erwartenden Uplift im Vorfeld hoch einzuschätzen, kann sich als Bärendienst** erweisen, da Sie die benötigte Laufzeit Ihrer Tests unterschätzen könnten.

Die ideale Größe der Stichprobe bzw. die benötigte Testdauer, die sich ergibt, lässt sich mit vielen Onlinetools (vgl. Kap. 8) berechnen, was unbedingt vor einem Test gemacht werden sollte.

Es gilt, die Stichprobe möglichst realistisch abzustecken. Bei „schwankenden" Stichproben haben Sie sonst eine sehr hohe Variabilität (auch: Varianz). Das bedeutet, dass die Streuung der betrachteten Variable (z. B. Conversion Rate) sehr groß ist (siehe Abb. 5.1). Zum Beispiel liegt der Uplift (also die Verbesserung) der Variante im Schnitt (Mittelwert) in Ihrem Test bei 3,3 %. Wenn Sie sich die Stichprobe Ihres Tests genauer ansehen, wird es wie im Roulettebeispiel Schwankungen geben. Mal wird die Conversion Rate auf 100 Besucher bei 1,0 % liegen, mal sogar bei 5,6 %. Diese Abweichung um 2,3 % vom Mittelwert nennt man den statistischen Fehler. Damit lässt sich das Konfidenzintervall berechnen – die Spannweite der Werte von unten nach oben. Zum Beispiel lässt sich damit sagen, dass mit einer 95%igen Wahrscheinlichkeit (Konfidenzlevel) der Uplift zwischen 1,0 % und 5,6 % liegt. Je schmaler die Spannweite, desto besser ist der wahre Wert des Uplifts eingegrenzt. Da viele A/B-Testing-Tools die Interpretation ihrer Daten möglichst einfach und verständlich gestalten möchten, wird

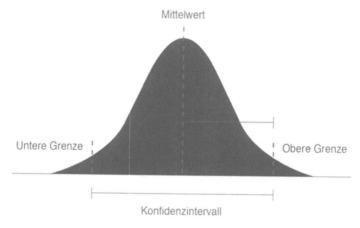

Abb. 5.1 Konfidenzintervall in Tests. (Quelle: Eigene Darstellung)

meist nur der Mittelwert des Uplifts ausgewiesen. Daher lohnt sich ein genauer Blick darauf, wie sich die Varianz des Tests verhält, bzw. wie hoch das Konfidenzintervall des Tests ist. Sonst gehen Sie ähnlich wie am Roulettetisch davon aus, dass Sie sofort 3,3 % mehr Conversions erzielen und wundern sich, dass im dauerhaften Betrieb dann andere Werte (1 %–5,6 %) auftreten. Auch hier gilt das sogenannte Prinzip der „regression to the mean", das besagt, dass eine hohe Fallzahl dazu führt, dass die Varianz geringer wird und somit eine „Regression" (Angleichung) der Werte an den Mittelwert erfolgt.

5.2 Nullhypothese und Alternativhypothese

Zwei wichtige Konzepte im Rahmen von A/B-Tests sind die Konzepte der Nullhypothese sowie der Alternativhypothese. Bei der *Nullhypothese* geht es darum, dass man die Annahme, dass zwischen Original und Variante kein Zusammenhang besteht, also eine Variante keine bessere Conversion Rate bringt, versucht zu widerlegen bzw. zu bestätigen. (Wikipedia, o. J. a) Dagegen basiert das Konzept der *Alternativhypothese* auf der Annahme, dass es eine Abhängigkeit gibt und man genau diese Hypothese bestätigen bzw. widerlegen möchte. Bei einem A/B-Test werden beide Hypothesen gegeneinander getestet. Sie sind also quasi wie Yin und Yang miteinander verbunden. Wobei man in der Regel bei einem A/B-Test das Ziel verfolgt, die Nullhypothese abzulehnen und die Alternativhypothese anzunehmen (Georgiev, 2019). Also, kurz gesagt, beweisen möchte, dass die Variante mit hoher Wahrscheinlichkeit mehr Conversions liefert.

Eine Ausnahme hierbei kann der A/A-Test bilden. Die Krux bei diesen Verifizierungen bzw. Falsifizierungen ist nun die folgende: Sofern das Testergebnis deckungsgleich mit dem Ergebnis in der Grundgesamtheit ist, gibt es keine möglichen Fehlerquellen. Das bedeutet, dass, sofern der Test bestätigt, dass die Variante keine Steigerung (Uplift) bringt und dies in der Realität der Grundgesamtheit ebenfalls der Fall ist, alles gut ist. Gleiches gilt für den Nachweis eines Uplifts in der Stichprobe und in der Grundgesamtheit. Das Problem ist nun jedoch, dass das in der Praxis so gut wie nie auftritt. Also eine Variante zwar im Test besser abschneidet als das Original, was aber im laufenden Betrieb in der Grundgesamtheit nicht der Fall ist. Hier spricht man vom sogenannten Fehler 1. Art oder auch Alphafehler, während man im Falle der Identifikation keiner Gewinnervariante im Test, die jedoch in der Grundgesamtheit vorhanden ist, vom sogenannten Fehler 2. Art oder auch Betafehler spricht.

5.3   Konfidenzlevel und Signifikanzlevel

Um den Alpha- und Betafehler zu verstehen, sollte man sich mit den Themen Konfidenzlevel und Signifikanzlevel beschäftigen, die in der Praxis häufig verwechselt werden. Das Konfidenzlevel wurde bereits angesprochen und ist die sogenannte „Aussagewahrscheinlichkeit". Ein Konfidenzlevel von 95 %, das empfohlen wird, bedeutet, dass mit 95%iger Wahrscheinlichkeit eine Aussage in der Grundgesamtheit zutrifft, also z. B. Variante A besser konvertiert als das Original. Dagegen besagt das Signifikanzlevel, dass man in dem Fall eine Irrtumswahrscheinlichkeit (100 % minus Konfidenzlevel) von 5 % akzeptiert. Der sogenannte p-Wert ist nun das Signifikanzlevel im tatsächlichen Test, also sozusagen der gemessene Zufall im Experiment. Damit lässt sich das Signifikanzniveau überprüfen. Einfach ausgedrückt, ist der Test signifikant, sobald der p-Wert kleiner als das Signifikanzlevel – also im konkreten Beispiel 5 % – ist.

Die sogenannte statistische Power eines Tests lässt sich als 100 % minus die Wahrscheinlichkeit des Betafehlers definieren. Hierbei setzen die meisten A/B-Testing-Tools wie angesprochen einen Wert von 80 % an.

5.4   Warum ein A/A-Test sinnvoll sein kann

Ein weiterer Tipp aus der Praxis ist die Durchführung eines sogenannten A/A-Tests vor dem eigentlichen geplanten Test. Ein A/A-Test ist kurz gesagt ein A/B-Test, bei dem die Variante keinerlei Veränderung enthält, also deckungsgleich mit der Originalversion ist. Man führt diese Art Test aus zwei Hauptgründen durch. Zum einen, um den sogenannten „Noise" zu ermitteln, also die oben genannten Störfaktoren und Schwankungen im Uplift, um später diese Schwankungen mit den Ausschlägen des Tests zu vergleichen. Der zweite Grund ist, um das Conversion-Tracking zu überprüfen, was meist eine gängige Fehlerquelle bei einem A/B-Test sein kann. Selbstredend sorgt auch hier die höhere Varianz zu Beginn des Tests für einige Überraschungen bei Neueinsteigern ins Thema Conversion-Optimierung, doch sofern die Aussteuerung des Tests und die eingerichteten Ziele korrekt sind, gleichen sich die Conversion Rates der Varianten an (Kohavi et al., 2020). Da mit steigender Fallzahl der Uplift immer geringer wird, empfiehlt es sich hier nicht, auf ein Konfidenzlevel von 95 % zu warten, sondern vornweg eine Stopp-Bedingung in Form eines Enddatums oder einer maximalen Trafficmenge zu definieren. Es ist wichtig zu erwähnen, dass ein A/A-Test tatsächlich einen signifikanten Unterschied zwischen den Varianten belegen kann, der dann jedoch vom Zufall abhängig ist – dazu mehr beim Thema „Alphafehler."

5.5 Welche Kennzahlen sollte ein Report beinhalten?

Üblicherweise dürften Sie bei der Auswertung Ihres Tests über ein A/B-Testing-Tool einen ähnlichen Report wie Abb. 5.2 (vgl. Abb. 5.2) erhalten. Die wichtigsten Kennzahlen eines Tests sind in der Regel die folgenden: der erzielte Uplift (also die Steigerung der Conversion Rate), die Conversion Rate der Referenz und der Varianten, das Konfidenzlevel (also die Aussagekraft eines Tests) sowie die Anzahl der Conversions und des Traffics im Gesamten, der Ihnen einen Anhaltspunkt bezüglich der Aussagekraft des Tests liefert.

Sofern Sie Splittests über eigene Systeme durchführen und danach die Performancewerte der Varianten messen, müssen Sie vermutlich das Konfidenzlevel selbst berechnen. Auch hier sei wieder auf die Onlinetools aus dem oberen Abschnitt verwiesen.

	A	B
Uplift	+0,00%	+3,58%
Konfidenzlevel	--	97,83%
Conversion Rate	23,95%	24,80%
Anzahl Conversions	10.193	10.472
Unique Conversions	4.956	5.024
Visits	20.697	20.256

Abb. 5.2 Beispielreport eines A/B-Tests. (Quelle: Eigene Darstellung)

5.6 Die Hauptquelle für Testfehler

Die größte Fehlerquelle eines Tests ist Ihre Ungeduld. Sobald der erste Test gestartet ist, steigt naturgemäß die Spannungskurve, und regelmäßig wird der Report des Tests aufgerufen und bewertet. Das stellt die größte Gefahr für die Bewertung Ihrer Testergebnisse dar. Denn so wie der Börsenguru André Kostolany empfiehlt, Aktien zu kaufen und möglichst lange liegen zu lassen, gilt auch bei A/B-Tests die Empfehlung, Geduld mitzubringen. Denn selbst wenn der Uplift zwischen zwei Versionen zunächst sehr groß erscheint, kann er sich im Laufe eines Tests sehr schnell nach oben und unten verändern. Das einzige Mittel dagegen ist, regelmäßig die Entwicklung Ihres Konfidenzlevels pro Variante zu beobachten und Tests erst dann abzustellen, wenn auch über einen längeren Zeitverlauf keine größeren Sprünge oder Schwankungen mehr auftreten.

Fazit

Das Statistikwissen, das Sie für A/B-Tests brauchen, ist sehr überschaubar und schnell gelernt. Sofern Ihnen das Konzept von Stichproben und Aussagewahrscheinlichkeiten (Stichwort: Konfidenzlevel und Signifikanzlevel) bekannt ist, dürften Sie im laufenden Betrieb keine Probleme mit unterschiedlichen Tools und Benennungen von Kennzahlen haben. Sofern doch einmal Begriffsunklarheiten auftauchen, lassen sich online unzählige Spickzettel für Ihre nächsten Statistikgespräche finden (zum Beispiel: goo.gl/Rbi7CS). Wobei die größte Gefahr für Ihre Tests in Ihrer möglichen Ungeduld lauert. Aber auch die lässt sich durch Erwartungsmanagement vorweg und intensives Training in den Griff bekommen.

Ihr Transfer in die Praxis

- Investieren Sie einmal etwas Zeit und schaffen Sie sich dieses statische Grundlagenwissen an – es macht Ihr A/B-Testing deutlich besser.
- Sofern doch einmal Begriffsunklarheiten auftauchen, lassen sich online unzählige Spickzettel für Ihre nächsten Statistikgespräche finden (zum Beispiel: goo.gl/Rbi7CS).
- Seien Sie nicht ungeduldig – achten Sie auf ein sauberes Set-up bei Ihren Testings, das ist immer ein wichtiger Erfolgsfaktor

Literatur

Kohavi, R., Tang, D., & Xu, Y. (2020). *Trustworthy online controlled experiments: a practical guide to A/B testing* (1. Aufl.). Cambridge University Press.

Georgiev, G. Z. (2019). *Statistical methods in online A/B testing: Statistics for data-driven business decisions and risk management in e-commerce*. Independently published.

Siroker, D., & Koomen, P. (2015). *A/B testing: The most powerful way to turn clicks into customers* (1. Aufl.). Wiley.

Wikipedia. (o. J. a). Null-Hypothese. https://de.wikipedia.org/wiki/Hypothese_(Statistik)#Nullhypothese. Zugegriffen: 27. März 2021.

6

Aufbau individueller Lösungen und Auswahl von A/B-Testing-Tools

Zusammenfassung Dieses Kapitel befasst sich mit der Frage, ob es für Sie sinnvoller wäre, eine Lösung selbst zu entwickeln oder eine Lösung und das passende Know-how im Markt einzukaufen. Dabei wird ein kleiner Leitfaden zur Implementierung einer eigenen Lösung vorgestellt sowie ein Kriterienkatalog aufgestellt, der bei der Auswahl der passenden Testing-Lösung behilflich sein soll.

> **Was Sie aus diesem Kapitel mitnehmen**
>
> - Wann macht es Sinn, eine eigene Lösung aufzubauen?
> - Welche Vorteile bietet das Mieten einer externen Lösung?
> - Kriterien zur Auswahl der passenden Lösung für Ihre Anwendungszwecke.

Nachdem Sie nun das nötige Rüstzeug zur Implementierung einer Testing-Strategie haben, können Sie es vermutlich kaum noch erwarten mit Ihren ersten Tests zu starten. Alles, was Ihnen dazu noch fehlt, so scheint es, ist die passende technische Lösung, mit der Sie A/B-Tests durchführen können. Wie immer bei technischen Entscheidungen im Unternehmen stellt sich dabei die Frage: „Make or Buy?" Möchte man eine eigene technische Lösung mit Bordmitteln aufbauen oder lieber spezialisierte und etablierte Anbieter aus dem Markt einkaufen bzw. im gängigen Software-as-a-Service-Modell mieten? Eine weitere Option könnte es auch sein, eine Agentur zu beauftragen, die nicht nur den Ideenfindungsprozess anleitet, sondern idealerweise vielleicht auch eine Testing-Lösung mitbringt bzw. die Umsetzung von Tests gleich mit übernimmt? Die folgenden Seiten beschäftigen sich mit der Frage, wann welche Lösung für Sie die geeignete ist und anhand welcher Kriterien Sie den für Sie passenden Anbieter finden können.

6.1   Aufbau einer eigenen Testing-Lösung

Das Grundprinzip, zwei oder mehrere Variationen von Webseiten-bestandteilen oder -inhalten gegeneinander auszuspielen, erscheint für die meisten Technikteams keine allzu große technische Herausforderung zu sein, zumal die Dynamisierung von Webseiten mittlerweile das täglich Brot vieler Front- und Backend-Developerteams ist. Die technische Kontrolle über die Webseite selbst in der Hand zu haben, erscheint für IT-Abteilungen ebenfalls sehr empfehlenswert, zumal das eine mögliche Fehlersuche deutlich vereinfacht. Überblick und die Optimierung der Seiten vor allem vor dem Hintergrund der Ladezeiten spielen daneben noch eine weitere wichtige Rolle. Grundsätzlich lässt sich sagen, dass bei entsprechender Unternehmensgröße und dem ausreichenden Vorhandensein technischer Ressourcen dies durchaus eine Möglichkeit sein kann. Die Herausforderung dabei liegt in den meisten Fällen jedoch nicht unbedingt in dem Bau und der Aussteuerung der Varianten, sondern vielmehr in der korrekten Datenerfassung und der Erstellung eines adäquaten Reportings, das für das A/B-Testing nötige Statistiken mit sich bringt. Daher kommt die Lösung des Selbstbaus einer A/B-Testing-Lösung meist vor allem dann in Betracht, wenn bereits eine entsprechende Datensammel- und Auswertungsmaschinerie im Unternehmen vorhanden ist (Siroker

& Koomen, 2015), zumindest aber ein umfassender Data-Lake und etablierte Auswertungsprozesse vorhanden sind. Der Bau einer Lösung erfordert ein nicht geringes Ausmaß an technischem Know-how und einen entsprechend hohen Stundenaufwand in der Umsetzung. Gründe für den Bau einer eigenen Lösung könnten zum Beispiel Datenschutzbedenken, der Schutz der Testergebnisse vor fremdem Zugriff und das Eingehen auf besondere technische Bedürfnisse (Technologien, Schnittstellen zu eigenen und fremden Systemen, Geschwindigkeitsvorteile etc.) sein. Der Trend hin zu einer serverseitigen Lösung für viele Testing-Fragen wie beispielsweise der Test von Sortierungen und Algorithmen, scheint den Trend zu einer selbst gebauten Testing-Lösung ebenfalls zu befeuern. Mit diesem Trend einher geht auch die Herausforderung, zunehmend komplexere Tests durchzuführen, die eine stärkere Integration der eigenen Systeme und damit auch der eigenen Technikeinheit erfordert. Dazu zählen beispielsweise Tests unterschiedlicher Preise, Such- und Empfehlungsalgorithmen oder die Optimierung komplexer Prozesse innerhalb der Customer Journey. Zudem gewinnen Entwicklerteams gerade im Zuge agiler Entwicklungsprozesse immer größere Motivation darin, Usertests neuer Features durchzuführen, bevor diese großflächig ausgerollt werden. Für diesen iterativen Ausrollprozess scheinen A/B-Tests ebenfalls prädestiniert zu sein, weshalb zunehmend ein stärkeres Involvement beim Thema A/B-Testing in Entwicklerteams festzustellen ist. Der Aufbau einer eigenen A/B-Testing-Lösung scheint daher ein adäquater Weg zu sein. Ein enger Austausch zwischen Marketing- und UX-Teams als Stakeholder kann gleichzeitig Chance wie auch große Herausforderung für das Aufsetzen einer eigenen Lösung sein.

Demgegenüber stehen die Vorteile einer gekauften Lösung, die meist das Ergebnis aus vielen tausend Entwicklerstunden ist und daher, was den Funktionsumfang angeht, meist selbst gebauten Lösungen überlegen ist. Wichtige Funktionalitäten, die bei externen Lösungen bereits vollständig ausgebaut sind, sind (analog zu Siroker & Koomen, 2015):

1. **Fortgeschrittene Targeting-Features:** So lässt sich ein Targeting meist sehr einfach über vorgefertigte Segmente zusammenbauen und Ein- und Ausschlüsse über ansprechende User Interfaces

konfigurieren. Speziell die Gestaltung einfach zu nutzender und ansprechender User Interfaces kommt bei selbst gebauten Lösungen meist zu kurz.

2. **Automatische Updates:** Je intensiver eine Testing-Plattform genutzt wird, umso eher fallen technische Fehler auf und können behoben werden. Die gängigen Software-as-a-Service-Anbieter im Testing-Bereich verfügen nicht nur über hohe Verfügbarkeiten der Plattform, sondern entwickeln diese Plattformen auch permanent weiter, was einen großen Vorteil in puncto Agilität und Leistungsumfang mit sich bringt.

3. **WYSIWYG-Editor:** Viele A/B-Testing-Lösungen auf dem Markt verfügen über einen sogenannten What-You-See-Is-What-You-Get-Editor. Damit können unter anderem per Drag-and-Drop einfache Änderungen wie Textanpassungen, Farb- oder Designtests sehr simpel und ohne technisches Know-how umgesetzt werden. Dies liefert mehr Flexibilität und sorgt durch die einfache und spielerische Umsetzung von Tests dafür, dass in der Regel mehr simple Tests durchgeführt werden. Ein funktionierender visueller Editor kann so die Schlagzahl Ihres Testing-Teams erhöhen und die Entwickler stark entlasten.

4. **Vertrauenswürdige Daten:** Akkurate Daten sind die Basis zum Aufbau jeder Testing-Kultur. Ob Ihre eigenen Daten korrekt sind, wissen Sie bei einer selbst gebauten A/B-Testlösung nur durch regelmäßige A/A-Tests, also durch die Aussteuerung gleicher Varianten, um zu testen, ob die Besuchertrennung und das Messen der Ergebnisse korrekt funktioniert. Bei gekauften A/B-Testlösungen können Sie in der Regel sicher sein, da die Anbieter nicht nur einen guten Ruf, sondern auch die Glaubwürdigkeit bei ihren Kunden verlieren würden, wenn es Tracking- oder Datenprobleme gäbe. Eine Garantie dafür haben Sie zwar nie, allerdings dürfte das Risiko bei einer selbst gestrickten Lösung deutlich höher sein als bei einer Lösung, die bereits bei Hunderten von Kunden im Einsatz ist.

5. **Professioneller Support:** Viele Anbieter verfügen über dezidierte Customer Success Teams, die Kunden professionell unterstützen und beraten. Gerade bei weniger testerfahrenen Unternehmen kann das eine wichtige Rolle bei der Umsetzung einer Testing-Strategie spielen.

6. **Community:** Meist bieten professionelle Anbieter auch eine Community an Kunden, die sich entweder über gemeinsame Kommunikationsplattformen, zum Beispiel Foren oder dezidierte Slack-Channels, gemeinsam mit den Entwicklern des Anbieters und anderen Kunden austauschen können. Dadurch können gemeinsame Herausforderungen identifiziert und gemeinsam mit anderen gelöst werden.

6.2 Kriterien zur Auswahl von A/B-Testing-Tools

Auf dem Markt gibt es eine Vielzahl von A/B-Testing-Anbietern. Gerade Einsteigern dürfte die Wahl einer Lösung daher nicht unbedingt leicht fallen. Die Bandbreite der Anbieter reicht von kostenlosen Einstiegslösungen wie Google Optimize bis hin zu Enterprise-Lösungen mit großem Leistungsumfang wie Optimizely, Adobe oder Kameleoon. Eine Hilfestellung bei der Auswahl können gängige Bewertungsplattformen wie G2 (www.g2.com), Trustradius (www.trustradius.com), Capterra (www.capterra.com) oder die deutschsprachigen OMR-Reviews (https://omr.com/de/reviews) liefern (siehe Abb. 6.1).

Die bekannten internationalen Analystenunternehmen wie Forrester oder Gartner bieten zwar keine dezidierten Waves (Forrester) oder Quadranten (Gartner) zum Thema A/B-Testing, sie bieten dafür aber eine Vielzahl von Informationen zu einzelnen Anbietern sowie Markteinschätzungen zum Personalisierungs- oder Customer-Experience-Bereich.

Mit folgenden Fragen lässt sich eine gute Auswahl an A/B-Testing-Tools, inklusive der selbst erstellten Lösung, treffen:

- Wie ist der Preis der Lösung? Pro Monat? Set-up? Wie ist die Vertragslaufzeit?
- Wie verhält es sich mit der Datenschutzkonformität? Bleiben die Daten innerhalb der Europäischen Union? Schließt der Anbieter eine Auftragsverarbeitungsvereinbarung ab?

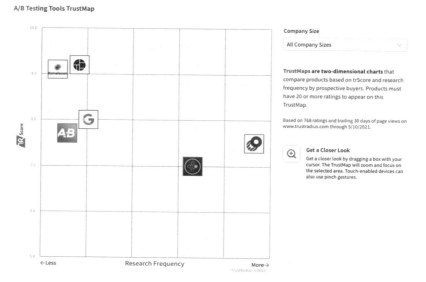

Abb. 6.1 Übersicht der Bewertung und der Nachfrage nach A/B-Testing-Tools (Stand: 10.05.21). (Quelle: TrustRadius, 2021, Stand: 10.05.21)

- Welche statistischen Verfahren wendet das Tool an?
- Welche Kennzahlen bietet das Reporting der Lösung? Wird auch eine Varianz der Ergebnisse ausgewiesen? Lässt sich die Test-Power individuell konfigurieren? Wenn nicht, wo liegt sie im Standard bei der Lösung?
- Welche Schnittstellen zu Drittanbietern (z. B. Google Analytics) sind vorhanden?
- Welche Arten der Testaussteuerung bietet der Anbieter? A/B-Tests, A/B/n-Tests, Multivariate Tests? Auch Multi-Armed-Bandit-Testing?
- Bietet die Lösung auch eine serverseitige oder nur clientseitige Ausspielmöglichkeiten?
- Werden spezielle Kennzahlen wie Umsatz, Nettowarenkorbwert oder Marge erfasst und, wenn ja, wird eine Signifikanz darauf berechnet? Wenn ja, mit welchem Verfahren?
- Wie ist die Verfügbarkeit bzw. das Service-Level-Agreement der Lösung?

- Wie häufig werden neue Features release? Gewährt der Anbieter Einblicke in seine Entwicklungsroadmap?
- Wie ist Bewertung des Anbieters auf gängigen Bewertungsplattformen (z. B. Capterra)?
- Bietet der Anbieter eine kombinierte Lösung mit einer Personalisierungsplattform?
- Verfügt die Lösung über einen visuellen Editor? Unterstützt dieser auch mobile Webseiten?
- Wie geht die Lösung bei der Testeinrichtung mit Single-Page Applications und anderen dynamischen Seiten um?
- Welche Segmentierungs- und Filterkriterien bietet der Anbieter?
- Bietet die Lösung auch noch weitere Features der UX-Optimierung: z. B. Fragebögen, NPS-Scores, Heatmaps oder Klickaufzeichnungen?
- Gibt es eine Community zu dem Tool? Wie umfangreich ist die Dokumentation?
- Bietet der Anbieter Schulungen oder Web-Based Trainings?
- Verfügt der Anbieter über kostenfreie Testaccounts, um die Lösung vorab auszuprobieren?
- Bietet der Anbieter Support? Wenn ja, über welche Kanäle und in welcher Sprache? Verfügt er über ein breitgestreutes Agenturnetz, das Kunden unterstützen kann?
- Wie ist die Reaktionszeit des Supports?
- Welche Referenzen besitzt der Anbieter? Wird die Lösung auch von Konkurrenten eingesetzt? Ist sichergestellt, dass die Kundenbetreuer unterschiedlich sind?
- Bietet der Anbieter Referenzcalls mit bestehenden Kunden an?
- Wie ist die Usability der Lösung? Finde ich mich darin zurecht und fühle mich wohl?
- Wie ist die Ladezeit der Lösung auf der Seite? Wie lange brauchen das Backend und die Reports, um zu laden?
- Welche Arten von Cookies setzt der Anbieter? Werden nur Drittanbieter-Cookies gesetzt, oder gibt es auch die Möglichkeit, das Skript selbst zu hosten, um ein Seitenbetreiber-Cookie dafür zu setzen? Treten Flicker-Effekte (ein Flackern) bei der Aussteuerung von Tests auf?

- Wie läuft die QA (Qualitätssicherung) bei Tests? Bietet der Anbieter eine Vorschaumöglichkeit oder muss ich die Lösung auch in meinen eigenen Testsystemen verwenden, um sie vorab prüfen zu können?
- Welche Drittanbieter steuert der Anbieter mit aus (z. B. Geotargeting-Anbieter, Tagmanagementsysteme etc.)?
- Bietet der Anbieter auch weitergehende Services wie Beratung oder Testumsetzung mit an? Wenn ja, zu welchen Kosten?
- Wie ist die Strategie des Anbieters? VC-getriebenes Wachstum mit schnellem Exit? Oder nachhaltiges Business, das eine langfristige Kundenbeziehung verspricht?
- Bietet der Anbieter Kalkulatoren, die mir zur Berechnung der Stichprobengröße, Testlaufzeit etc. helfen?
- Sind Datenimporte (z. B. zur Bereinigung von Stornos und Retouren in Reportings) möglich? Stehen auch Rohdatenexportmöglichkeiten zur Verfügung?

Dieser Fragenkatalog sollte Ihnen helfen, sich im Dschungel der vielen Anbieter und Lösungen zurechtzufinden. Hierfür sollten Sie vorab die oben genannten Fragestellungen einem internen Relevanzcheck unterziehen. Sie werden sicherlich nicht all diese Anforderungen erfüllt haben müssen, wenn Sie beispielsweise erst mit dem Thema starten. Es empfiehlt sich jedoch, solch einen Fragenkatalog als mögliche Inspirationsquelle zu nutzen und zu prüfen, ob, und wenn ja, ab wann welche Anforderung für Sie relevant werden könnte. Auch empfiehlt sich, die einzelnen Kriterien zu gewichten, um die für Sie besonders relevanten stärker bei der Bewertung von Anbietern heranziehen zu können. Jeder Fragenkatalog ist zudem der aktuellen Zeit und der momentan bei seiner Erstellung möglichen Kriterien auf dem Markt geschuldet. Eventuell gibt es dann, wenn Sie sich auf der Suche nach Anbietern befinden, bereits neue Features, wie die Verwendung von künstlicher Intelligenz bzw. Cookieless-Tracking-Ansätze oder Ähnliches, die bei der Erstellung dieses Schemas noch nicht vorlagen. Daher übernimmt der Autor keine Gewähr für Vollständigkeit, jedoch gern die Rolle einer Gedächtnisstütze. Für alle Unternehmen, die bereits eine A/B-Testing-Lösung im Einsatz haben, dürfte die Liste eine gute

Möglichkeit liefern, die aktuelle Lösung anhand des Anforderungs-katalogs noch einmal neu zu beleuchten und zu prüfen, ob sie noch den aktuellen Unternehmensanforderungen genügt.

Fazit

Es gibt Dutzende mögliche Anbieter, die man im Bereich des A/B-Testings in die Auswahl ziehen kann, ganz zu schweigen von der Möglichkeit, sich intern selbst eine Lösung zu bauen. Ich hoffe, ich konnte Ihnen einen praktikablen Überblick über mögliche Vor- und Nachteile der Make-or-Buy-Entscheidung geben. Mit dem Fragenkatalog zur Anbieterauswahl kann auch eine Sensibilisierung für wichtige Aspekte bei der Bewertung von internen und externen Lösungen erfolgen. Damit sollte die Wahl für die passende Lösung und damit auch einem zügigen Start in die Umsetzung der eigenen Testing-Kultur vereinfacht sein. Die Checkliste kann darüber hinaus auch zur Challenge der aktuellen Lösung im Unternehmen dienen. Auch diese Wahl sollte regelmäßig anhand der markt-üblichen Standards und der aktuellen Unternehmensanforderungen abgeglichen werden.

Ihr Transfer in die Praxis

- Prüfen Sie, inwieweit eine interne Lösung für Sie überhaupt infrage kommt.
- Priorisieren Sie die Kriterien aus dem Fragenkatalog zur Anbieteraus-wahl anhand Ihrer Bedürfnisse.
- Challengen Sie Ihre derzeitige Lösung regelmäßig anhand des im Markt vorhanden Leistungsumfangs der Anbieter. Dies kann auch im Hinblick auf Preisverhandlungen wichtig sein.

Literatur

Siroker, D., & Koomen, P. (2015). *A/B Testing: The most powerful way to turn clicks into customers* (1. Aufl.). Wiley.

TrustRadius. (2021). TrustRadius A/B-Testing tools. https://www.trustradius.com/ab-testing. Zugegriffen: 26. Mai 2021

7

Aufbau einer Testing-Kultur

Zusammenfassung Auch wenn den meisten Unternehmen die Vorzüge von A/B-Tests bekannt sind, gibt es dennoch nur wenige Unternehmen wie beispielsweise Booking.com, die ihre Entscheidungsfindung über A/B-Tests quasi demokratisiert haben. Die meisten Unternehmen scheitern an A/B-Tests auf Basis der Unternehmenskultur und nicht an fehlendem Know-how oder mangels passendem Tool. Dieses Kapitel beleuchtet, welche Anforderungen eine Testing-Kultur an das Unternehmen stellt und diskutiert, wie hochperformante A/B-Testing-Teams zusammengesetzt sein sollten.

Was Sie aus diesem Kapitel mitnehmen

- Erkenntnisse, welche Rolle die Unternehmenskultur für den Aufbau einer Testing-Kultur spielt.
- Warum Booking.com und IBM Tausende Experimente pro Jahr durchführen.
- Wie das perfekte Testing-Team zusammengestellt sein sollte.
- Wie man interdisziplinäre Teams aufbaut, steuert und im Unternehmen präsent macht.

© Der/die Autor(en), exklusiv lizenziert durch Springer Fachmedien Wiesbaden GmbH, ein Teil von Springer Nature 2021
M. Witzenleiter, *Quick Guide A/B Testing*, Quick Guide,
https://doi.org/10.1007/978-3-658-34649-2_7

7.1   Anforderungen an das Unternehmen

„In an increasingly digital world, if you don't do large-scale experimentation, in the long term – and in many industries the short term – you're dead." (Thomke, 2020)

Dieses Zitat des früheren Expedia-CEO Mark Okerstrom beschreibt das, was Ihnen bei der Lektüre dieses Buchs bis zu diesem Kapitel vielleicht auch schon aufgefallen ist. A/B-Tests können einerseits ein sehr großer Wettbewerbsvorteil sein, wenn Sie richtig eingesetzt werden. Andererseits können sie aber auch eine sehr große Challenge für Ihre existierende Unternehmenskultur darstellen. Denn nicht viele Unternehmen verfügen über eine Form der Entscheidungsdemokratie, wie sie Expedia, Booking.com, Amazon oder Bing verfügen. Diese führen jährlich zigtausende Experimente durch und lassen so ihre User mittelbar durch ihre Interaktion und ihr Verhalten an der Optimierung des bestehenden Angebots mitarbeiten (Thomke, 2020) In den meisten Unternehmen gilt nach wie vor das sogenannte HIPPO-Syndrom. Wobei HIPPO für Highest Paid Person's Opinion steht, sprich: der Chef bestimmt, was gemacht wird (Siroker & Koomen, 2015). Dies bedeutet nicht, dass alle Entscheidungen über Experimente getroffen werden sollten, z. B. der Kauf von Unternehmen oder die allgemeine Unternehmensstrategie, dennoch sind sie ein wichtiges unmittelbares Kundenfeedbackinstrument. Das heißt auch nicht, dass ihre Ergebnisse zwangsläufig immer ohne Diskussion oder Widerspruch seitens des Managements einfach umgesetzt werden sollten. Doch sollten ihre Erkenntnisse den Entscheidungsprozess beeinflussen und ein Zuwiderhandeln gut begründet sein.

Die Unternehmenskultur ist der größte und zeitlich am häufigsten vernachlässigte Punkt zur erfolgreichen Implementierung einer übergreifenden Testing-Strategie (Thomke, 2020) Um dies zu verändern, benötigen Unternehmen die folgenden Eigenschaften bzw. sollten diese meiner Meinung nach ausprägen:

1. **Neugier:** Eine Grundvoraussetzung, um eine Testing-Kultur zu schaffen, ist es, ein neugieriges Unternehmen zu sein, bzw. Neugier intern zu wecken (Kohavi, 2020). Sie müssen sich darauf einlassen, Ihre Kunden neu kennenzulernen und festgefahrene Denkmuster („das haben wir doch immer schon so gemacht", „das haben wir schon einmal ausprobiert …") infrage zu stellen und diese Hypothesen einem kritischen Test zu unterziehen.

2. **Gleichheit:** Entscheidend für die Erlangung kreativer Ansätze und Testideen ist es, jede Meinung gleich wichtig zu nehmen. Egal ob die Idee vom CEO oder dem Mitarbeiter Ihres Callcenters kommt, sie sollten alle Ideen bzw. Hypothesen anhand des vorgestellten PIE-Schemas prüfen und validieren. Die Herkunft der Idee spielt dafür keine Rolle.

3. **Transparenz und Kommunikation:** Sie werden Mitarbeiter nur dann dazu bekommen, aktiv an der Ideenfindung mitzuwirken, wenn Sie die Ergebnisse Ihrer Testreihen konsequent teilen. Nur so merken alle Mitarbeiter im Unternehmen, wie wichtig Testing sein kann, und fangen an, an Ihrer Roadmap mitzudenken. Sie denken, dass sich das mit der Ansicht widerspricht, Testing sollte ein Wettbewerbsvorteil sein und Erkenntnisse daher streng geheim bleiben? So schaffen Sie nie eine Testing-Kultur, an der alle Mitarbeiter bereitwillig mitarbeiten möchten.

4. **Resilienz:** In der Regel scheitern 9 von 10 Experimenten bei teststarken Unternehmen (Thomke, 2020). Ihre Unternehmenskultur sollte Scheitern begrüßen und nicht erfolgreiche Tests als weiteren Schritt in der Kenntnis Ihrer Nutzer betrachten. Nur so schaffen Sie das Durchhaltevermögen und den Willen, eine Testing-Kultur dauerhaft zu etablieren.

5. **Dankbarkeit:** Resilienz zu besitzen, bedeutet nicht nur Misserfolge auszuhalten, sondern Erfolge auch gebührend zu feiern. Teilen Sie positive Testergebnisse und feiern Sie diese mit Ihrem Team. Dazu gehört auch, denjenigen oder diejenige zu loben, der bzw. die die Hypothese für diesen Test aufgestellt hatte.

6. **Konklusionsfähigkeit:** Große Unternehmen wie Amazon feiern ihre Testerfolge auch deshalb so ausgiebig, da sie wissen, dass die Mehrheit ihrer Testideen scheitern und keinen Uplift, also keine

Erfolgssteigerung schaffen. Dennoch sind diese Projekte keine verlorene Zeit oder Liebesmüh, sondern ein weiterer Schritt dahin, ihre Kunden kennenzulernen. Jeder Test, der ein Ergebnis liefert, und sei es auch ein negatives, liefert Ihnen neue Erkenntnisse. Unternehmen, die gescheiterte Tests akzeptieren, sinnvoll auswerten und ihre Schlüsse aus den Ergebnissen ziehen, betreiben nichts anderes als Marktforschung. Zudem sorgen gescheiterte Tests dafür, dass sie diese Änderungen nicht dauerhaft auf Ihrer Webseite implementiert haben, wie es vielleicht ohne Test geschehen wäre. Dies hätte eventuell nicht nur unnötige IT-Umsetzungsressourcen erfordert, sondern auch zu einem dauerhaften Verlust geführt, den Sie durch die Einführung einer Funktion, eines Designs etc. erzielt hätten, ohne dass sie es gemerkt hätten. Wenn Sie Ihre Tests so betrachten, werden Sie nicht nur Erfolge feiern, sondern jede Erkenntnis.

7. **Risiko-Rendite-Orientierung:** Sie kennen sicherlich den Spruch „Never change a running system". Dieser Spruch symbolisiert exakt das, was eine Testing-Kultur nicht ausmachen sollte: komplette Risikoaversion. Aus meiner Erfahrung weiß ich, dass sich vor allem große Unternehmen sehr schwer damit tun, bewusste Risiken einzugehen und auch von außen betrachtet „funktionierende" Prozesse infrage zu stellen. Dennoch ist genau das eine Grundvoraussetzung für die Testing-Kultur. Das „Bessere" ist der Feind des „Guten". Woher wollen Sie denn wissen, dass der Status quo das Optimum ist? Ähnlich wie in der Wissenschaft gilt auch hier, dass eine Theorie nur so lange gültig ist, bis sie widerlegt wurde, und Experimente sind Ihre Werkzeuge, um exakt das zu tun. Das heißt nicht, dass Sie blindlings Umsätze gefährden oder Kunden verprellen sollten. Aber wie Sie aus den vorherigen Kapiteln wissen, können Sie im A/B-Testing auch „Stop"-Conditions definieren, also Bedingungen, die Ihnen Indikatoren dafür sind, wann Sie einen Test stoppen sollten, wenn die Ergebnisse negativ sind. Gute Aktientrader kennen dieses Prinzip auch als „Stop-Loss", ähnlich wie diese Bedingungen ihnen dort helfen, nicht ihr Vermögen zu verzocken, helfen sie Ihnen beim A/B-Testing, nicht unnötige Risiken einzugehen. Zudem schaffen Sie es anhand einer sinnvollen Roadmapplanung und Priorisierung, auch

Tests mit vermeintlich geringer Auswirkung von vornherein besser nicht durchzuführen. Denn zu einer Risiko-Rendite-Relation gehört im Umkehrschluss eben auch, keine Risiken einzugehen, denen nicht die entsprechende Rendite gegenübersteht.

8. **Fehlerkultur:** Sie kennen das sicherlich aus Ihrem Unternehmensalltag. Ein Fehler ist passiert, der Kunde ist wütend, und nun gilt es für Sie als Unternehmen, die passende Reaktion zu finden. Dabei sind in der Regel zwei Arten von Unternehmenstypen sichtbar – die Unternehmen, die nun händeringend nach dem Schuldigen suchen und gegenseitig mit dem Finger aufeinander zeigen und die Arten von Unternehmen, die sich erstmal mit der Problemlösung beschäftigen, den Kunden wieder beschwichtigen und danach intern mit allen Beteiligten einen Vorschlag erarbeiten, wie das Problem künftig nicht mehr auftreten kann oder zumindest frühzeitig erkannt wird. Wenn Ihr Unternehmen zu der ersten Kategorie gehört, wird es sich mit dem Aufbau einer umfassenden Testing-Kultur schwertun, denn diese Unternehmen verdammen Fehler und sorgen somit bei ihren Mitarbeitern für größtmögliche Risikovermeidung. Um in diesem Umfeld Karriere zu machen, muss man sich in der Regel doppelt und dreifach absichern. Radikale oder umfassende Testing-Ideen sind dabei ein sehr großer Störfaktor, und die Angst zu scheitern und mit den Konsequenzen zu leben wird die Kreativität in Ihrem Testing-Team damit extrem beschränken. Auch solche Unternehmen können Testing-Kulturen aufbauen, diese müssen jedoch extrem behutsam und durch sehr viele kleine, iterative Testansätze wie ein zartes Pflänzchen großgezogen werden. Sie werden in einem solchen Umfeld akzeptieren müssen, dass sich Ihre Testing-Strategie extrem auf den internen Führungsstil und die Unternehmenskultur ausrichten und an sie anpassen muss. Deutlich leichter werden Sie sich natürlich in einem Unternehmen der zweiten Kategorie tun, da sie dort auch radikaler testen und damit vermutlich auch schneller an Ziele kommen werden. Dennoch werden beide Unternehmen es schaffen, eine Testing-Kultur aufzubauen, und vor allem im Fall des ersten Unternehmenstyps darüber vielleicht einen Impact auf die gesamte Unternehmens- und Fehler-Kultur erzielen.

7.2   Das optimale Testing-Team

Ähnlich wie bei einer erfolgreichen Fußballmannschaft ist auch ein erfolgreiches Testing-Team immer ein Team, das aus individuellen Spezialisten besteht, die in der Interaktion miteinander und durch die äußeren Rahmenbedingungen sich gegenseitig ergänzen und über sich selbst hinauswachsen. Wie bereits angesprochen wurde, deckt das Thema Testing eine so große Vielzahl an unterschiedlichen Kenntnissen ab, die gefordert werden, dass es nahezu unmöglich ist, Experten zu finden die alle Fähigkeiten abdecken können. Ein interdisziplinäres Team ist daher ein absolutes Muss. Abb. 7.1 zeigt, welche Fähigkeiten ein solches Team besitzen sollte.

Daraus lässt sich ableiten, dass folgende Kompetenzen entweder durch einzelne Rollen oder durch Personen, die mehrere dieser Fähigkeiten in sich vereinen, in einem A/B-Testing-Team vorhanden sein sollten:

1. **Statistik:** Wie schon im Kapitel Statistik dieses Buches verdeutlicht, sollte entweder im gesamten Team ein Grundverständnis von der Thematik vorhanden oder diese Kompetenz in einer Rolle gebündelt sein. Das heißt nicht, dass Sie zwingend einen Statistikprofessor für Ihr Team gewinnen müssen, ein versierter Datenanalyst, der sich in die wichtigsten Grundlagen der Statistik für A/B-Testing einarbeitet, kann diese Rolle für die meisten Unternehmen ebenfalls zur Genüge erfüllen.

Abb. 7.1 Anforderungen an A/B-Testing-Teams. (Quelle: Eigene Darstellung)

2. **Kreativität:** In einem erfolgreichen Testing-Team spielen Zahlen-affinität und strukturiertes Projektvorgehen eine übergeordnete Rolle, dennoch wird Ihre Testing-Strategie nicht herausragende Ergebnisse liefern, wenn die Kreativität zu kurz kommt. Albert Einstein wird das Zitat zugesprochen „Fantasie ist wichtiger als Wissen, denn Wissen ist begrenzt". Zwar können Sie auch erfolgreich Designs und Ansätze der Konkurrenz kopieren und Ihre Testing-Strategie darauf basieren, dies wird aber aller Voraussicht nach nicht dafür sorgen, dass sie dadurch einen wirklichen Wettbewerbsvorteil erzielen. Denn woher wollen Sie wissen, dass diese Ansätze auch bei den Besuchern Ihrer Angebote die bestmöglichen Erfolge liefern, geschweige denn, ob der Ansatz selbst für Ihren Wettbewerber das Optimum darstellt? Mindestens ein kreatives Element wird Ihr Testing-Team erfordern, das neue Ansätze liefert und Bestehendes infrage stellt. Hegen und pflegen Sie diesen Mitarbeiter bzw. diese Mitarbeiterin, diese Leute werden Sie, sinnvoll im Team eingebunden, zum Erfolg führen.

3. **User Experience Design:** Unter User Experience Design lässt sich der Ansatz verstehen, die Kundenzufriedenheit und -loyalität durch den Nutzen, die Benutzerfreundlichkeit und das Vergnügen bei der Interaktion mit einem Produkt zu verbessern (U., 2021). Diese Rolle ist natürlich prädestiniert dafür, eine Kombination mit der Kreativität zu sein, was jedoch keine zwingende Voraussetzung ist. Vielmehr sind UX-Designer für Ihre Testing-Projekte vor allem als Grafiker von großem Mehrwert, die den Prozess des Kunden so einfach wie möglich und so spielerisch wie nötig gestalten sollten. Sie schlüpfen daher vor allem in die Nutzerperspektive des Kunden und versuchen, die Anwendung in dem Moment so intuitiv und nutzbar wie möglich zu gestalten. Das heißt, sie beschäftigen sich mit den Zielen der Besucher Ihrer A/B-Tests, aber nicht zwingend mit deren Bedürfnissen und Einstellungen, weshalb sich ebenfalls eine psychologische Rolle in Ihrem Expertenteam finden sollte.

4. **Webanalytics:** Das Thema Webanalytics ist in doppelter Hinsicht wichtig für Ihr Testing-Team. Zum einen helfen Ihnen Webanalyse-daten, die passenden Stellschrauben für Ihre Optimierungsprojekte zu identifizieren, andererseits sind diese auch von entscheidender

Bedeutung zur Messung Ihrer Erfolge. Eine Rolle mit Webanalyse-erfahrung gehört daher zu Ihren erfolgskritischsten Mitarbeiter-profilen und stellt damit aus meiner Sicht ein absolutes Must-have Ihres Optimierungsteams dar.

5. **Präsentationstechniken:** Entscheidend sind nicht nur die Ergebnisse Ihrer A/B-Tests, sondern auch die Art und Weise Ihrer Aufbereitung. Die richtige Präsentation Ihrer Ergebnisse mit punktgenauen Learnings und klaren Ansätzen für Folgeprojekte stellt sicher, dass sich die Erfolge gebührend im Unternehmen verbreiten. Zudem stellen Sie so sicher, dass Sie sich das Interesse und die Unterstützung Ihrer Entscheider erhalten und sich so auch das Engagement und die Ressourcen für Folgeprojekte sichern. Sie brauchen daher auch ver-sierte Verkäufertypen in Ihrem Team. Idealerweise kann diese Rolle durch den Teamleiter übernommen werden.

6. **Projektmanagement:** Eine Testing-Kultur ist nichts anderes als das Durchführen einer Vielzahl von Tests, die eine Bewusstseins-änderung in der Organisation bewirken. Ihr A/B-Testing-Team sollte daher idealerweise ein strukturiertes Vorgehen und eine hohe Schlag-zahl von richtig priorisierten Projekten als Ziel anvisieren, letztend-lich handelt es sich um das Management von technischen Projekten, die intern oder mithilfe von Dienstleistern gelöst werden. Ent-sprechendes Know-how im Team ist daher eine Grundvoraussetzung für das Management erfolgreicher Testing-Projekte. Aufgrund der Agilität und auch der Flexibilität von A/B-Testing empfiehlt sich daher auch die Einführung eines flexiblen und kommunikations-förderndem Projektmanagementtools wie Jira (https://www.atlassian.com/software/jira), Notion (https://www.notion.so/), Trello (https://trello.com/en) oder Slack (https://slack.com/intl/de-de/). Diese Tools helfen nicht nur bei der täglichen Arbeit an Projekten im Team, sondern funktionieren auch als eine Art Wissensspeicher, den jede Test-Kultur benötigt. Darin ist sowohl Testwissen gespeichert, wie statistische und Implementierungsinformationen, die für alle Tests von zentraler Bedeutung sind, als auch individuelle Hinweise und Erkenntnisse der Tests.

7. **Onlinemarketing-Know-how:** Gerade wenn Sie A/B-Tests im Rahmen der Conversion-Optimierung einsetzen, ist die tief greifende

Kenntnis der wichtigsten Traffickanäle und deren Mechanismen eine sehr erfolgskritische Fähigkeit. Ohne den Kontext des Users zu kennen, wird es Ihnen sehr schwerfallen, ihn zu einer Conversion zu bewegen. Ein Onlinemarketinghintergrund kann auch auf Basis meiner persönlichen Erfahrung eine wichtige Rolle bei der Optimierung spielen und gilt als „Kann"-, aber nicht als „Muss"-Anforderung für Ihr erfolgreiches Testing-Team.

8. **Unternehmensstrategieberatung:** Sind A/B-Tester Unternehmensberater? Diese Frage habe ich mir während der letzten Jahre häufiger gestellt. Ich denke, dass dafür spricht, dass ihre Tätigkeit idealerweise direkte Auswirkungen auf Managemententscheidungen haben sollte und damit A/B-Tester durchaus als Unternehmensberater betrachtet werden können. Andererseits sind sie nur Medium für unmittelbares Userfeedback. Sie ermöglichen Tests und leiten die Ergebnisse an das Management weiter. Jede Interpretation von Daten ist ein Stück weit subjektiv, dennoch ist Objektivität in der Disziplin von sehr zentraler Bedeutung. Ich sehe A/B-Tester daher als eine Mischung aus Unternehmensberater und Marktforscher. Marktforscher in puncto Objektivität und der Wahl des richtigen Forschungsdesigns, Unternehmensberater hinsichtlich der richtigen Interpretation der Testergebnisse und deren Erkenntnisse. Ihr Team als Ganzes oder einzelne Spezialisten sollten daher in der Lage sein, Daten richtig zu interpretieren und die korrekten Empfehlungen für das Management daraus abzuleiten.

9. **IT/Webtechnologien:** Ein nicht zu unterschätzender Part des Erfolgs von Tests spielt natürlich auch deren Umsetzung. Hier bleiben Ihnen letztlich drei Möglichkeiten, Tests umzusetzen:

1. Sie arbeiten mit Ihrer hausinternen IT zusammen und lassen die Testprojekte direkt von Ihrem Technikteam umsetzen.
2. Sie setzen auf clientseitige A/B-Testlösungen, die Sie durch versierte Frontend-Developer in Ihrem eigenen Team umsetzen lassen. Dadurch sind Sie unabhängig und besitzen ein umfassendes Maß an Flexibilität und Agilität.
3. Sie vergeben die Testerstellung komplett an eine externe Agentur. Dies sichert Ihnen zwar größere Flexibilität, als die häufig über-

lastete interne IT-Abteilung bietet, jedoch sind Sie, was Qualität und Schnelligkeit angeht, natürlich sehr stark von der jeweiligen Agentur abhängig. Zudem kommt hinzu, dass bei der Vielzahl möglicher A/B-Testing-Lösungen im Markt auch Ihre Agentur idealerweise natürlich schon Erfahrung mit dem System haben sollte. Zwar sind die Ähnlichkeiten zwischen den Systemen zumindest im clientseitigen Testing sehr hoch, so arbeiten die meisten Systeme über Java-Script, CSS und HTML zur Testerstellung, dennoch kann die Anwendung einer bisher der Agentur unbekannten A/B-Testing-Lösung zu Herausforderungen seitens des Dienstleisters führen. Ein guter Fit zwischen eingesetztem System und beauftragtem externen Dienstleister kann Ihnen daher unnötige Probleme ersparen. Zudem bieten mittlerweile die meisten A/B-Testing-Lösungen auch sogenannte Professional Services an und können damit auch eine breite Bandbreite an Agenturdienstleistungen abdecken. Weiterhin sind auch versierte Freelancer im Bereich Frontendtechnologien eine gute Alternative zu oftmals teuren Agenturen. Im Internet lässt sich eine Vielzahl von Portalen finden, die solche Freelancer vermitteln können. Ebenso sind natürlich gängige B2B-Social-Networks wie Xing oder LinkedIn gute Quellen, um versierte Freelancer oder Agenturen zu finden.

Wenn Sie wollen, dass das Outsourcing von A/B-Tests effektiv funktioniert, ist das Briefing ein wichtiges Instrument. Nur so können Sie sicher sein, dass sich alle Beteiligten über die Testerstellung, die Erwartungen und die zu erbringenden Leistungen im Klaren sind.

Ein ideales Briefing sollte folgende Komponenten abdecken:
1. Name des Experiments
2. Hypothese
3. Details zum Experiment
4. Variationen
5. Funktionelle Anforderungen
6. Design-Assets
7. Einstellungen im Tool (falls vorhanden)
8. URL-Targeting
9. Ziele des Experiments

10.   Zielgruppen-Targeting

11.   Trafficverteilung

Gerade beim Outsourcing der Testerstellung sollte zudem das Thema Datensicherheit eine entscheidende Rolle spielen. Hier sollten Sie über entsprechende (QA-)Prozesse dafür sorgen, dass nicht ein Ihnen unbekannter Code in Ihren digitalen Plattformen Dinge anstellt, von denen Sie nichts wissen. Zudem sollten Sie immer prüfen, wer Zugriff auf personenbezogene Daten im Rahmen Ihres Tests erhält. Zumindest bei diesem Aspekt sollten Sie auch das Thema Outsourcing der Projekte außerhalb der Europäischen Union kritisch im Auge behalten.

10. **Verkaufspsychologie:** Ein Verständnis der Bedürfnisse und Motive Ihrer Zielgruppe liefert Ihnen nicht nur eine Vielzahl spannender Testansätze, wie Sie im Kapitel zum Thema A/B-Testing in der Conversion-Optimierung vermutlich sehen konnten, sondern hilft Ihnen auch stark bei der Interpretation der Ergebnisse. Mitarbeiter und Mitarbeterinnen mit einem psychologischen Hintergrund können Ihnen daher nicht nur bei der Testideengenerierung, sondern auch bei der Teststrategie und der Interpretation der Ergebnisse von großer Hilfe sein. Zudem sind Psychologen in der Regel sehr firm im Umgang mit Statistik, weshalb eine Kombination der beiden Rollen in diesem Zusammenhang sinnvoll sein kann. Literatur zum Thema Verkaufspsychologie kann zumindest zum Start den Einstieg in das Thema erleichtern und interimsweise einen Psychologen in Ihrem Team ersetzen. Dennoch werden Sie bei entsprechendem Wachstum Ihres Unternehmens wohl nicht an dem Thema vorbeikommen.

11. **Sozialkompetenz:** Sicherlich haben Sie schon von angesagten Start-ups gehört, die sogenannte Happiness Manager einstellen, um für ein positives Betriebsklima zu sorgen und die Kommunikation untereinander zu intensivieren. Diese Rolle werden Sie für Ihr A/B-Testing-Team wohl budgetseitig nicht besetzt bekommen. Sofern Sie nicht Teil dieser Start-up-Szene sind, werden Sie wohl auch nur Kopfschütteln in Ihrer Organisation für diesen Einstellungsvorschlag ernten. Dennoch spielen Sozialkompetenz und Interaktionsfähigkeit eine wichtige Rolle für Ihr Team. Sie sollten daher sowohl

teamintern eine gute und offene Kommunikationspolitik schaffen, was durchaus eine Herausforderung darstellen kann bei einem solch diversen Team an unterschiedlichen Hintergründen, Rollen und Persönlichkeiten, wie auch teamextern im Unternehmen. Ihr Testing-Team ist quasi eine versierte Spezialeinheit, die häufig nicht den üblichen Strukturen und Prozessen der Organisation unterworfen ist. Für eine unternehmensweite Akzeptanz zu sorgen, ist daher von elementarer Bedeutung. Denn als Testing-Team verfügen Sie über spezielles Know-how zu den Kunden, das selbstverständlich für das gesamte Unternehmen Gold wert sein kann. Umgekehrt werden Sie aber auch nie umfangreiches Kundenwissen erlangen können, wenn Sie von den anderen Unternehmensteilen isoliert werden und Informationen nicht an Sie gelangen. Idealerweise entsteht so eine wirkungsvolle Symbiose in Ihrem Unternehmen, die ein gemeinsames Ziel hat – die bessere Kundenkenntnis. Vielleicht schaffen Sie es dann auch, eine Testing-Kultur wie Booking.com zu erschaffen, bei denen 75 % der 1800 Personen starken Belegschaft aktiv an Experimenten mitarbeiten und jeder Mitarbeiter des Unternehmens einen Test initiieren darf (Thomke, 2020).

12. **Kommunikationsfähigkeit:** Aus dem Punkt Sozialkompetenz ergibt sich fast schon zwangsläufig die Bedeutung der Kommunikationsfähigkeit für Ihr Team. Ein konstanter Informationsfluss im Team sichert Ihnen die Grundlage für die iterative Optimierung Ihrer Projekte. Vor allem das aus der Softwareentwicklung bekannte Scrum-Framework findet daher immer öfter auch im A/B-Testing-Umfeld seinen Einsatz (Wikipedia, 2021). Scrum wurde ursprünglich konzipiert für Teams von 10–15 Mitarbeitern, was in der Regel auch dem Umfang von Testing-Teams in größeren Organisationen entspricht. Die Grundidee dahinter ist, die Arbeit in Ziele aufteilen, die innerhalb von zeitlich festgesetzten Iterationen, sogenannten Sprints von zwei bis vier Wochen Dauer, umgesetzt werden. Das Scrum-Team bewertet den Fortschritt in täglichen Meetings von 15 min oder weniger, den sogenannten Daily Scrums. Am Ende des Sprints hält das Team zwei weitere Meetings ab: das Sprint-Review, in dem die geleistete Arbeit den Stakeholdern demonstriert wird, um Feedback einzuholen, und die Sprint-Retrospektive, die es dem Team

ermöglicht, zu reflektieren und die Prozesse zu optimieren (Wikipedia, 2021). Dieser Ansatz lässt sich daher sehr gut auf die Arbeit in A/B-Testing-Teams transformieren, da auch diese kurzen Projekte in agilen Umfeldern mit unterschiedlichen Stakeholdern managen müssen. Eine Arbeit mit diesem Ansatz empfiehlt sich daher sehr.

Auch wenn die oben beschriebene Testing-Teamzusammensetzung ein aus Sicht des Verfassers idealer Ansatz ist, so berücksichtigt sie eher nur die Anforderungen für kleine bis mittelgroße Unternehmen. Große, mehrere Tausend Mitarbeiter starke Unternehmen gehen derzeit einen Schritt weiter und versuchen sich an interessanten Ansätzen zur Demokratisierung von A/B-Tests, bei denen nahezu jeder Mitarbeiter das Recht zur Mitarbeit daran bekommt und oftmals auch direkten Zugriff auf die Testing-Lösung. Neben dem bereits angesprochenen Beispiel von Booking.com hat sich dort auch insbesondere IBM hervorgetan, die es geschafft haben, ihre jährliche Testmenge von 2015 bis 2018 von 97 Tests pro Jahr auf 2822 Tests zu steigern. Ein Erfolgsfaktor dabei war, die Tests nicht mehr nur bei einer Person als Verantwortlichem zu bündeln, sondern sie wirklich über das ganze Unternehmen auszurollen. IBM installierte dafür einfach zu bedienende Tools, schuf ein Kompetenzteam zur Unterstützung, führte ein Framework für diszipliniertes Testing ein, bot Schulungen für alle an und machte Onlinetests für alle Abteilungen kostenlos durchführbar. Außerdem wurde in Analogie zum Football ein sogenannter „Testing-Blitz" eingeführt. Im Football wird der Quarterback der angreifenden Mannschaft durch die gesamte Defensive angelaufen, die einen blitzartigen Durchbruch durch die angreifende Mannschaft sucht und so den gegnerischen Spielmacher unter Druck gesetzt. Auf das Unternehmen übertragen wurde versucht, eine ähnlich überfallartige Implementierung des Testings durchzuführen, bei dem die Marketingeinheiten insgesamt 30 Onlineexperimente in 30 Tagen durchführen mussten (Thomke, 2020). Quartalsweise Testing-Wettkämpfe und ein starker Shift des Marketingbudgets in das Testing-Budget waren weitere Gründe für die erfolgreiche Implementierung der Testing-Kultur bei

IBM. Dies ist ein sehr interessanter Ansatz, um Widerstände im Unternehmen zu durchbrechen und die Akzeptanz für das Thema schlagartig zu wecken. Inwieweit dieser Kulturschock für Ihr Unternehmen sinnvoll ist, müssen Sie selbst entscheiden, was jedoch sicher ist, ist, dass Sie für diesen „Blitz" auf jeden Fall ein dickes Fell und viel Managementunterstützung benötigen werden.

Fazit

„Es ist schwierig, einen Mann dazu zu bringen, etwas zu verstehen, wenn sein Gehalt davon abhängt, dass er es nicht versteht!" Dieses Bonmot des amerikanischen Schriftstellers Upton Sinclair beschreibt sehr gut, was das Hindernis für das Scheitern von Testing-Kulturen ist: der tägliche Kampf gegen die sogenannte „HIPPO"-Kultur, bei der die am höchsten bezahlten Mitarbeiter bestimmten, welche Dinge wie umgesetzt werden. Der Schritt zu einer Testing-Kultur ist für die meisten Unternehmen daher auch eine große unternehmenskulturelle Angelegenheit, die ein sensibles Changemanagement erfordert. Ein interdisziplinäres Testing-Team spielt darin eine wichtige Rolle und agiert als unternehmensinterne Beratungseinheit, die Kundeninteressen mit den Unternehmens- und Produktinteressen übereinbringt. Das Recruiting der passenden Mitarbeiter erfordert daher, nicht nur den passenden Wissensschatz der neuen Angestellten zu definieren, sondern vor allem auch eine Einschätzung des zur Organisation passenden Mitarbeitertyps. Ein revolutionärer Geist wird sich in einer sehr konservativen Institution daher unwohler fühlen als derselbe Persönlichkeitstyp in einem innovativen und unkonventionellen Unternehmen. Dies gilt natürlich auch für den umgekehrten Fall.

Ihr Transfer in die Praxis

- Stellen Sie sich die Frage, welchen Ausprägungsgrad die Testing-Kultur bei Ihnen im Unternehmen haben kann.
- Versuchen Sie das Management zwar einzubinden, jedoch das Auftreten des HIPPO-Syndroms zu verhindern.
- Schaffen Sie ein interdisziplinäres Team aus Experten und beraten Sie das Management.
- Informieren Sie sich über den Scrum-Ansatz und versuchen Sie, diesen für sich im Team zu nutzen.

Literatur

Kohavi, R. (16. September 2020). A/B testing: How to get it right. Harvard Business Review. https://hbr.org/2017/09/the-surprising-power-of-online-experiments. Zugegriffen: 26. Mai 2021.

Siroker, D., & Koomen, P. (2015). *A/B testing: The most powerful way to turn clicks into customers* (1. Aufl.). Wiley.

Thomke, S. (9. November 2020). Building a culture of experimentation. Harvard Business Review. https://hbr.org/2020/03/building-a-culture-of-experimentation. Zugegriffen: 26. Mai 2021.

U. (2021). What is UX design? 15 user experience design experts weigh in | UserTesting Blog. UserTesting.com. https://www.usertesting.com/blog/what-is-ux-design-15-user-experience-experts-weigh-in#:%7E:text=%E2%80-%9CUser%20Experience%20Design%20(UXD%20or,architecture%2C%20and%20Human%20Computer%20Interaction. Zugegriffen: 26. Mai 2021.

Wikipedia (2021) Scrum (software development). Wikipedia. https://en.wikipedia.org/wiki/Scrum_(software_development). Zugegriffen: 26. Mai 2021.

8

A/B-Testing in der Conversion-Optimierung

Zusammenfassung In diesem Kapitel lernen Sie, mit welchen Frameworks Sie die nötigen Ideen und Hypothesen für A/B-Tests generieren können und welche Rolle die Psychologie dabei spielt. Wir beschäftigen uns mit den Auswirkungen der beiden menschlichen Denksysteme und klären, welche Auswirkungen diese Erkenntnisse auf Ihre Experimente haben. Die gängigsten 20 Behavior Patterns bringen Ihnen über Jahrtausende gelernte Verhaltensmuster näher, die sie gewinnbringend für Conversion-Optimierung im Rahmen des A/B-Testing nutzen können. Den Abschluss des Kapitels bildete ein Leitfaden zur Analyse von Testergebnissen, der Ihnen die wichtigsten testbezogenen Kennzahlen und deren Interpretationsrahmen erläutert.

Was Sie aus diesem Kapitel mitnehmen

- Welche Frameworks liefern Ihnen die nötigen Ideen und Hypothesen?
- Sie lernen, welche Rolle die Psychologie im Testing spielt, welche Denksysteme Menschen haben und wie Sie mit Behavior Patterns Verhalten manipulieren können.

© Der/die Autor(en), exklusiv lizenziert durch Springer Fachmedien Wiesbaden GmbH, ein Teil von Springer Nature 2021
M. Witzenleiter, *Quick Guide A/B Testing*, Quick Guide,
https://doi.org/10.1007/978-3-658-34649-2_8

- Welche 20 Behavior Patterns liefern Ihnen die meisten Conversion-Steigerungen?
- Einen Leitfaden zur Analyse von Testergebnissen.

8.1 Das richtige Testing-Framework

Conversion Frameworks dienen dazu, die Rahmenbedingungen von Nutzerverhalten zu definieren (Morys, 2012). Sie helfen in Kombination mit der Erkenntnisgewinnung auf Basis von Userdaten (quantitativ und qualitativ), eigene Ansätze als Hebel für Conversion-Optimierung zu identifizieren. Dabei dienen sie häufig wie eine Art Checkliste dazu, einzelne Conversion-Förderer und -verhinderer zu identifizieren und Testideen bzw. Hypothesen auf Basis der Erkenntnisse zu generieren. In der Regel entscheidet man sich als Organisation für ein Framework und arbeitet konsistent auf Basis dieser Checkliste. Zu den bekanntesten Frameworks zählen das „L.I.F.T-Modell" der nord-amerikanischen Conversion-Beratung Widerfunnel oder „Die sieben Ebenen der Konversion" der Growth-Beratung konversionsKRAFT. In der Praxis finde ich die Conversion Sequence mit das praktikabelste Modell, da es sehr universell, also nicht nur für E-Commerce-Seiten eingesetzt werden kann, weshalb dieses Modell den Abschluss des vorgestellten Framework-Sets bilden wird.

8.1.1 Das L.I.F.T-Modell von Widerfunnel

Dieses Modell ist eines der einfachsten am Markt bekannten Frameworks und daher auch weltweit sehr stark im Einsatz. Darin werden 6 Faktoren für eine erfolgreiche Conversion definiert, 3 Conversion-Treiber und 2 Conversion-Hindernisse (vgl. Abb. 8.1):

- **Value Proposition (Nutzenversprechen):** Das Modell veranschaulicht das Nutzenversprechen als Flugzeugmodell, das durch andere Faktoren nur nach oben oder unten korrigiert werden kann. Das Nutzenversprechen kann daher als Basis für die Conversion betrachtet werden.

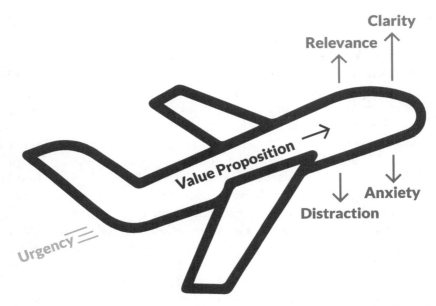

Abb. 8.1 Das L.I.F.T.-Modell von Widerfunnel. (Quelle: Eigene Darstellung in Anlehnung an: Widerfunnel, 2021)

Ein kleines Flugzeug (siehe Abb. 8.1), das aus einem geringen Nutzenversprechen besteht, wird daher auch nie an entsprechender Höhe gewinnen. Im Laufe der Zeit wurde das Modell von Widerfunnel verfeinert, sodass die Value Proposition mittlerweile auch als Motivation des Nutzers interpretiert werden kann. Diese ist das Ergebnis aus einer Abwägung der wahrgenommenen Vorteile des Users im Vergleich zu den wahrgenommenen Kosten (Widerfunnel, 2021).

- **Relevance (Relevanz als Conversion-Treiber):** Wird die Seite den Erwartungen des Nutzers gerecht? Ist sie für ihn relevant? Es gibt nichts Frustrierenderes für einen User, als auf einer Seite zu landen und den Eindruck zu bekommen, dass er hier falsch ist. Hierbei ist entscheidend, sich auch die Akquisitionskanäle des Users anzusehen. Werden ihm in Anzeigen Rabatte oder bestimmte Vorteile versprochen, müssen diese zwingend auf der Seite eingehalten werden. Wer mit dem Versprechen eines kostenlosen Versands auf der Seite landet, ist umso enttäuschter, wenn die Versandkosten dennoch im Kaufprozess erscheinen. Umgekehrt, kann eine relevante und konsistente Customer Journey dann auch die Conversion fördern.

- **Clarity (Klarheit als Conversion-Treiber):** Sind die Nutzenversprechen und Call-to-Action-Aufforderungen klar zu erkennen? Dieser Conversion-Treiber ist für Optimierer meist einer der schwierigsten, da er diesen dazu zwingt, die Seite aus Sicht eines uninformierten Nutzers zu betrachten. Ein recht schweres Unterfangen, wenn man sich persönlich mindestens 8 h am Tag mit seiner eigenen Seite beschäftigt. Daher kann es für diesen Faktor sehr sinnvoll sein, Userbeobachtungen (z. B. Visitor Motion Tools) und Befragungen sowie Fokusgruppentests einzusetzen, die einem direktes Zielgruppenfeedback geben können.
- **Urgency (Dringlichkeit als Conversion-Treiber):** Viele User scheuen schnelle Entscheidungen und sind teilweise wahre Meister der Prokrastination. Man spricht daher von innerer und äußerer Dringlichkeit. Wenn der Nutzer selbst unter Druck steht, möglichst schnell einen Kauf zu tätigen, braucht der Webseitenbetreiber in der Regel wenig weitere Impulse setzen. Wenn der Kunde am 23.12. noch die letzte Weihnachtsbestellung aufgeben möchte, so wird sein innerer Druck wohl groß genug sein, auch ohne dass der Shop ihm beispielsweise einen Weihnachtscountdown auf der Startseite präsentiert. Ist der innere Druck beim Nutzer jedoch geringer, können zeitlich begrenzte Angebote oder ein geringer Lagerbestand externe Anreize sein, um den Besucher doch schnell zu Conversion zu bewegen.
- **Anxiety (Bedenken als Conversion-Hindernis):** Mangelndes Vertrauen und fehlende Glaubwürdigkeit können starke Conversion-Hindernisse sein. Da man sich Vertrauen normalerweise im Laufe der Zeit erarbeitet und Glaubwürdigkeit ebenfalls erst durch eigene Erfahrungen entsteht, ist es meist eine große Herausforderung, speziell für Start-ups, dieses Argument zu entkräften. Kundenstimmen und vertrauensbildende Maßnahmen wie Siegel etc. können mangelnde eigene Erfahrungen mit dem Anbieter in der Customer Journey ersetzen.
- **Distraction (Ablenkung als Conversion-Hindernis):** Stellen Sie sich einmal eine Situation wie die folgende vor: Sie möchten aus

dem Weinkeller eine Flasche Wein holen und kommen dazu an der Waschmaschine vorbei, die eben fertig wurde. Sie laden die Wäsche aus und bemerken erst wieder, dass sie ursprünglich ja einen Wein aus dem Keller holen wollten, als sie mit dem Wäschekorb in der Hand in der Küche stehen. Kennen Sie auch solche Situationen? Dies zeigt, wie einfach wir uns manchmal von unseren eigentlichen Vorhaben ablenken lassen. Diesen Effekt sollten Sie bei den Nutzern Ihrer Onlineangebote unbedingt vermeiden. Denn er kann sie einiges an Conversion Rate kosten. Beispielsweise weil Sie Nutzern mitten im Bestellprozess auf Ihre Newsletteranmeldung, ein Gewinnspiel oder weitere interessante Angebote verweisen, während diese kurz vor dem Kaufabschluss stehen.

Das L.I.F.T-Framework ist leicht verständlich und bleibt dank des Flugzeugmotivs auch lange in Erinnerung. Es identifiziert die wesentlichen Conversion-Hebel und hilft Nutzern, diese anzuwenden. Für erfahrene Optimierer könnte es aber etwas mehr in die Tiefe gehen, da man damit vor allem recht offensichtliche Mängel identifiziert: Wo werden die Kundenvorteile kommuniziert? Sind vertrauensbildende Siegel auf der Seite vorhanden? etc.

8.1.2   Das 7-Ebenen-Modell von konversionsKRAFT

Die deutsche Growth-Marketing-Agentur konversionsKRAFT berät ihre Kunden unter anderem mit dem 7-Ebenen-Modell. Das 7-Ebenen-Modell erweckt zwar den Eindruck eines Conversion-Funnels, wie ihn viele Kunden in der Webanalyse verwenden, es vermittelt jedoch, dass Kunden nicht linearen vorgegebenen Prozessen auf der Webseite folgen, sondern einen eigenen inneren Prozess bis zum Kauf verfolgen. Man kann dies auch als inneren Monolog betrachten (konversionsKRAFT, 2019).

Diese 7 Ebenen werden in Abb. 8.2 (siehe. Abb. 8.2) visualisiert. Dabei ist das Modell analog zu einem Trichter von oben nach unten zu lesen.

- **Ebene 1 Relevanz:** bildet das Einstiegstor in den Trichter. Sie sorgt dafür, dass sich Kunden mit der Webseite beschäftigten. Zur

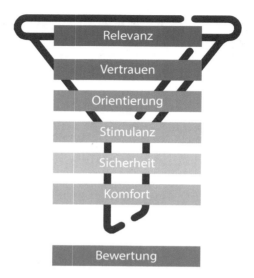

Abb. 8.2 Das 7-Ebenen-Modell von konversionsKRAFT. (Quelle: Eigene Darstellung in Anlehnung an: konversionsKRAFT, 2019)

Erhöhung der Relevanz werden unter anderem folgende Maßnahmen empfohlen: „Optische Übereinstimmung", indem Schlagworte aus den Marketingkanälen auf der Seite aufgegriffen werden, „Sprich die Sprache deines Nutzers" und beantworte die Fragen, die er sich stellt ...

- **Ebene 2 Vertrauen:** David Robins und Jason Holmes haben in Studien herausgefunden, dass Vertrauen innerhalb von 2,3 s beim Nutzer entstehen kann (konversionsKRAFT, 2019). konversionsKRAFT geht davon aus, dass für das Vertrauen des Nutzers nicht nur Siegel oder Kundenreferenzen eine Rolle spielen können, sondern auch die Ästhetik der Landingpage. Was einen neuen Aspekt im Vergleich zum L.I.F.T.-Modell in das Thema Vertrauen bringt. Auch eine starke Marke kann eine vertrauensbildende Maßnahme für den Kunden sein.
- **Ebene 3 Orientierung:** Hierbei spielt in diesem Modell vor allem das Thema Erwartungskonformität eine Rolle. Wird die Webseite oder digitale Applikation den Gewohnheiten und Erwartungen des

Nutzers gerecht? Was unternimmt die Webseite um die Suche und die Navigation auf der Seite zu vereinfachen? Dies sind Fragen, die man sich zur Optimierung der Orientierung des Nutzers stellen kann.

- **Ebene 4 Stimulanz:** Wissenschaftliche Studien zeigen, dass 80 % unserer Entscheidungen unterbewusst ablaufen und rationale Entscheidungen nicht ohne Emotionen getroffen werden können. Erfolgreiche Shops spielen effektiv mit diesen Emotionen. Der Einsatz von „Persuasive Copywriting" und die Verwendung von Bildern, die Produkte emotional in Szene setzen, sind Geheimnisse, wie man mit diesem Prinzip die Conversion Rate der Nutzer steigern kann.

- **Ebene 5 Sicherheit:** Vor allem zum Ende des Kaufprozesses stellen sich Kunden, die kurz vor Abschluss stehen, sogenannte „Risikofragen". Diese können sein: Wie lange habe ich Garantie? Wie laufen Reklamationen ab? etc. Diese Risikofragen sind häufig ein klarer Indikator dafür, dass sich der Kunde bereits für ein Produkt entschieden hat. Um den Kunden letztlich zum Kauf zu bewegen, ist es in diesem Schritt unausweichlich, ihm diese Fragen vor Kaufabschluss zu beantworten. Typische Sicherheitsaspekte in der Conversion-Optimierung können sein: die Behandlung des Themas Datensicherheit, dem Kunden ein Gefühl von Kontrolle zu geben, dem Kunden auf das Thema Kundenservice aufmerksam zu machen oder eine gewisse Transparenz in den Prozessen.

- **Ebene 6 Komfort:** Beim Überschreiten des Points of no Return, z. B. dem Drücken des Bestellbuttons, spielt das Thema Komfort eine entscheidende Rolle. Möglichkeiten, um den Komfort für den Nutzer zu erhöhen sind: So wenige Daten wie möglich zu verlangen, optimale Liefer- und Versandbedingungen zu bieten, bereits an den Komfort von Folgebestellungen zu denken, Klarheit und Konsistenz sowie regelmäßige Einschätzungen der Emotionalität des Kaufprozesses helfen hier, die letzte Stufe des Kunden zu überwinden.

- **Ebene 7 Bewertung:** Der Fokus auf die reine Kauftransaktion kann bei einigen Nutzern bereits kurz nach der Conversion zu einer Kaufreue führen. Hiervon spricht man, wenn Nutzer nach einem Kauf ein starkes Gefühl der Reue empfinden und Ihre Bestellung stornieren oder retournieren möchten. Gründe hierfür können Fragen sein, die sich nach dem Kauf ergeben, wie beispielsweise: War das jetzt wirklich das beste Angebot? Bietet mir dieser Anbieter tatsächlich den besten Service? Möglichkeiten dieser Reue entgegenzuwirken sind beispielsweise die Verwendung von kleinen Affirmationen („Toll gemacht, du hast eine gute Wahl getroffen"), dem Kunden rationale Gründe für die Kaufentscheidung zu liefern und diese unmittelbar nach Kauf zu auch zu präsentieren, sowie ihn mit positiven Überraschungen zu verblüffen, wie Beigaben oder kleinen Geschenken zur Bestellung (vgl. konversionsKRAFT, 2019).

Das Modell von konversionsKRAFT ist deutlich umfangreicher und komplexer als das L.I.F.T.-Modell, bietet aber auf Basis von vielen verkaufspsychologischen Hintergründen und Anreizsystemen auch eine deutlich breitere Basis zur Generierung von A/B-Testing-Ansätzen. Vor allem der Ansatz, auch die Nach-Kaufphase in die Conversion-Optimierung mit einzubeziehen, um zu verhindern, dass Conversions nachträglich storniert werden, unterscheidet diesen Ansatz sehr von anderen Modellen. Gerade für erfahrenere Conversion-Optimierer ergeben sich dadurch eine große Fülle an potenziellen Testideen.

8.1.3 Die Conversion Sequence Heuristic von Flint McGlaughlin

Die Conversion Sequence ist nicht wirklich eine Gleichung, die es zu lösen gilt. Sie ist vielmehr ein heuristisches Schema, das bestimmten Conversion-Faktoren eine Gewichtung gibt (Hopkins, 2018). Diese 5 Faktoren, die Conversion-Treiber oder -Hindernisse sein können, sind (siehe Abb. 8.3):

- **Motivation:** Diese hat die stärkste Gewichtung in dieser Conversion-Gleichung. Was sich mit dem Ansatz des L.I.F.T.-Modells deckt. Jedoch geht die Conversion Sequence davon aus, dass sich die Motivation nicht direkt beeinflussen lassen kann (Hopkins, 2018).
- **Value Proposition (Werteversprechen):** Die Value Proposition ist die Antwort auf die Frage der Motivation des Nutzers. Über die

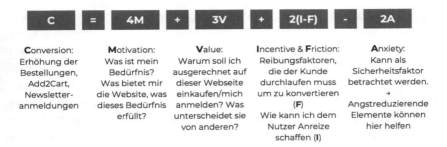

| **C** | **=** | **4M** | **+** | **3V** | **+** | **2(I-F)** | **-** | **2A** |

Conversion:	**M**otivation:	**V**alue:	**I**ncentive & **F**riction:	**A**nxiety:
Erhöhung der Bestellungen, Add2Cart, Newsletteranmeldungen	Was ist mein Bedürfnis? Was bietet mir die Website, was dieses Bedürfnis erfüllt?	Warum soll ich ausgerechnet auf dieser Webseite einkaufen/mich anmelden? Was unterscheidet sie von anderen?	Reibungsfaktoren, die der Kunde durchlaufen muss um zu konvertieren **(F)** Wie kann ich dem Nutzer Anreize schaffen **(I)**	Kann als Sicherheitsfaktor betrachtet werden. ↪ Angstreduzierende Elemente können hier helfen

Abb. 8.3   Die Conversion Sequence Heuristic. (Quelle: Eigene Darstellung in Anlehnung an Flint McGlaughlin, CEO von MECLABS Institute)

Faktoren: Anziehungskraft (Wie anziehend wirkt die Seite auf ihre Nutzer?), Exklusivität (Gibt es die Angebote, Services und Produkte nur hier oder auch woanders?), Glaubwürdigkeit (Repräsentiert die Seite glaubhaft, was sie für sich beansprucht hat?). Klarheit (Sind die angesprochenen Faktoren dem User auch klar?) (Hopkins, 2018).

- **Incentive (Anreize) und Frictions (Reibungselemente):** Auf dem Weg zu einer Conversion muss der Nutzer einige Reibungselemente passieren, diese unterteilt das Framework in Reibungen aufgrund der Länge des Prozesses *(length-related frictions)*, hervorgerufen durch Ablenkungen und Müdigkeit des Users und Reibungen aufgrund der Schwierigkeit des Prozesses *(difficulty-related frictions)*, die durch Widersprüche oder Unklarheiten entstehen können. Incentives kompensieren diese Schwächen, indem sie, wie der Name schon sagt, Anreize schaffen, um weiter im Prozess zu bleiben. Darunter kann man alle Maßnahmen verstehen, die darauf abzielen, den Prozess zu vereinfachen, unnötige Pfade abzuschaffen und den Nutzer damit näher zur Conversion zu bringen (Hopkins, 2018).
- **Anxiety (Bedenken):** Ähnlich wie in dem angesprochenen L.I.F.T.-Modell spielen auch hier Bedenken eine wichtige Rolle bei der Beurteilung von Conversion-Hindernissen. Eine mögliche Maßnahme, um Bedenken zu reduzieren, ist es angstreduzierende Elemente einzusetzen, wie Siegel, Kundenempfehlungen, oder mögliche Einwände direkt im Prozess zu adressieren.

Drei Faktoren machen das Modell der Conversion Sequence Heuristic attraktiv für Conversion-Optimierer: Das Modell ist weniger stark E-Commerce-fokussiert als die anderen angesprochenen Frameworks, was das Modell zum Beispiel auch gut im Medienumfeld nutzbar macht. Zudem ist der Ansatz, bestimmte Faktoren zu gewichten, interessant, da er verdeutlicht, dass User bei genügend hoher Motivation auch trotz vieler Conversion-Hindernisse konvertieren können. Da in der Regel alle Faktoren erfüllt sein sollten, bevor ein User konvertiert, lässt sich das Modell auch gut für Webseitenchecks einsetzen, bei dem die einzelnen Conversion-Treiber und -Hemmer auf einer Seite konkreten Elementen zugeordnet werden können. Dies erhöht zusätzlich die Anwendbarkeit zur Ideengenerierung.

8.2 Psychologische Grundsätze der Conversion-Optimierung

8.2.1 Thinking, Fast and Slow

Die Beschäftigung mit dem Thema Psychologie in der Conversion-Optimierung liegt sehr nahe, da auch im digitalen Bereich in der Regel Menschen agieren, Artikel lesen, Aktionen durchführen und letztendlich im E-Commerce einkaufen. Die Webseite als Medium hierfür ist daher nur ein Bindeglied zwischen Ihnen als Anbieter hin zum User in seiner Rolle als Kunde. Da all seine Entscheidungen in seinem Kopf getroffen werden, bietet die Psychologie und vor allem die Verhaltensökonomie als relativ junge Disziplin, deren Grenzen zwischen Wirtschaft und Psychologie verschwimmen, eine sehr gute Basis zur Identifikation von Experimenten. Der renommierte Psychologe und Nobelpreisträger Daniel Kahnemann gilt als einer der Begründer der Verhaltensökonomie und beschreibt das menschliche Denken als dualen Prozess aus zwei Systemen im Gehirn, dem System 1 und System 2. (Kahneman & Schmidt, 2016) Dabei ist das etwa 600 Mio. Jahre alte System 1 für die schnellen und automatisierten Handlungen zuständig, stark emotional und erfahrungsgeprägt (Mullin, 2020), während System 2, das vermutlich ca. 70.000 Jahre alt ist und für bewusste, rationale und „langsame" Denkprozesse zuständig ist. System 2 wird daher seltener eingeschaltet als System 1, was man für A/B-Testings berücksichtigen sollte. Das bedeutet, dass man davon ausgehen sollte, dass System 1 stets ein dominierendes System beim Nutzer ist. Eine weitere Aufgabe von System 2 ist es, Handlungen von System 1 nachträglich zu rationalisieren, also eine logische Erklärung dafür zu finden (Mullin, 2020). Durch bewusste Informationsstreuung nach Handlungen lässt sich diese Funktionsweise für sich nutzen. System 2 hat überdies sehr limitierte Ressourcen, was man bei dem Usabilitygrundsatz „Don't make me think" (Krug, 2013) in die Gestaltung der User Experience mit einfließen lassen sollte. Bewusste Denkprozesse sind Hochleistungssport für das Gehirn und können zu Überforderung führen (Abb. 8.4).

Eine weitere interessante Erkenntnis aus diesem Modell für Ihre Experimente kann sein, dass System 2 im Laufe des Tages an Aktivität abnimmt. Das heißt, wir fassen mehr emotionale System-1-Entscheidungen, je fortgeschrittener die Tageszeit ist. Das heißt, dass Experimente, die sehr stark System 2 adressieren, im Laufe des Tages unterschiedliche Ergebnisse abliefern können (Mullin, 2020). Da der Großteil der Entscheidungen durch System 1 getroffen wird, empfiehlt es sich, sich mit den über die Jahre angelernten Heuristiken dieses Systems zu beschäftigen, diese werden auch Behavior Patterns genannt.

System 1
- Schnell / automatisch / einfach
- Führt bekannte oder erlernte Routinen aus
- Ausreichend für Small Talk
- Anstrengungslos
- Arbeitet trotz Müdigkeit, Krankheit oder Stress
- Eindrücke, Intuition und Gefühle
- Fehleranfällig

System 2
- Langsam und faul
- Notwendig für unbekannte / neue Entscheidungen
- Notwendig bei schwierigen Fragestellungen
- Ermüdend/ anspruchsvoll
- Beeinträchtigt bei Müdigkeit, Krankheit oder Stress
- Logisches Denken, Analysen und Reflexion
- Kann Fehler durch gründliches Nachdenken vermeiden

Abb. 8.4 Visualisierung der Erkenntnisse aus Thinking, Fast and Slow. (Quelle: Eigene Darstellung in Anlehnung an Kahneman & Schmidt, 2016)

8.2.2 Behavior Patterns

Unter Behavior Patterns lassen sich standardisierte Verhaltensmuster verstehen, die bei menschlichen Entscheidungen eine Rolle spielen. Sie lassen sich dem Bereich der „persuasive communication" zuordnen und können als kommunikative Überzeugungsinstrumente gesehen werden (Spreer, 2018). Damit zahlen sie auf das sogenannte System 1 aus „Thinking, Fast and Slow" ein. Durch Kenntnis dieser Muster kann man unterbewusstes Verhalten des Users beeinflussen und ihn somit einer Conversion näherbringen. Zwar wirken diese Verhaltensmuster von Mensch zu Mensch unterschiedlich, weshalb man sie verstärkt in segmentiertem Testing oder bei Personalisierungen nutzen sollte, allerdings lassen sich damit auch unsegmentierte A/B-Tests sehr gut auf Basis von mit Behavior Pattern generierten Hypothesen durchführen. Dennoch sind sie kein Allheilmittel und ersetzen als Erkenntnisse keine Tests. Man kann sie als letzten Stups in die richtige Richtung verstehen, um die benötigte Aktion auszuführen (Thaler et al., 2010). Obwohl Behavior Patterns an sich bei allen Menschen wirken, ergibt es Sinn, sie speziell für bestimmte Persönlichkeitstypen, z. B. auf Basis von Modellen wie den Limbic Types der Gruppe Nymphenburg, einzusetzen und sie auch vom Kontext ihrer Nutzung abhängig zu machen. Man kann über A/B-Tests herausfinden, welche Patterns an welchen Stellen der Customer Journey die größte Wirkung entfalten, aber ihre konkrete Wirkung wird dennoch von der individuellen Zielgruppe abhängen.

Aus der Erfahrung von über 3000 Experimenten in den letzten 5 Jahren konnte ich eine Top-20-Liste der am häufigsten adressierten Behavior Patterns in A/B-Tests generieren, die ich Ihnen auf den folgenden Seiten vorstellen möchte.

1. **Reciprocity (Reziprozität):** Wissenschaftliche Studien haben nachgewiesen, dass sich kleine Geschenke, die Kellner machen, positiv auf das Trinkgeld auswirken. Sicherlich ist Ihnen auch schon aufgefallen, dass manche Restaurants deshalb extra kleine Bonbons oder Schokolade zusammen mit der Rechnung bringen. Von Reziprozität sprechen wir deshalb, wenn Menschen den Drang

verspüren, im Gegenzug zu einem Geschenk dem Schenkenden ebenfalls eine Freude machen zu müssen (Weller, 2019). Im Bereich der Conversion-Optimierung mittels A/B-Tests kann man sich dieses Prinzip sehr einfach über folgende Ansätze zunutze machen: Beilegen von Incentives zu Bestellungen, Nutzung von Freemium-Modellen, Einführung von Schwellen für Gutscheine, Gratis-produkte oder Versandkostenfreiheit ... (Spreer, 2018). Auch eine handgeschriebene Karte in einem Paket kann den Kunden über-raschen und „Geschenkcharakter" entwickeln. Dieses Prinzip greift während des Kaufprozesses und auch in der Nach-Kaufphase, um Kaufreue und damit verbundene Stornos oder Retouren zu minimieren.

2. **Liking (Sympathie):** Um Sympathie für ein Gegenüber zu ent-wickeln, spielen Attraktivität, Ähnlichkeit oder Vertrautheit eine große Rolle. Ein weiterer Aspekt kann Authentizität sein, die es bei der Kommunikation zu beachten gilt (Weller, 2019). Es lässt sich schlussfolgern, dass uns tendenziell die Menschen oder Angebote am sympathischsten sind, die uns sehr nahekommen. Man kann diesem Prinzip bei A/B-Tests zum Beispiel Rechnung tragen, indem man mit Bildern aus der Zielgruppe arbeitet, um Sympathie zu erzeugen, oder bewusst Mitarbeiterbilder statt Stock- oder Modellfotos einsetzt. Authentizität spiegelt sich auch darin wieder, in allen Medien und Kanälen konsistent und mit ähnlichen Formulierungen zu arbeiten.

3. **Social Proof (Soziale Bewährtheit):** Als Globetrotter lernt man sehr schnell einen einfachen Trick, um die beste Bäckerei, den besten Laden oder das schönste Café zu entdecken: Stelle dich ein-fach in die Schlange. Wir Menschen sind prinzipiell Herdentiere, die sich in der Mehrheit der Fälle dem Verhalten anderer anpassen. Wenn besonders viele Leute in einem Restaurant sind, ziehen wir unterbewusst den Schluss, dass es dort auch am besten schmecken muss. Diese Grundannahme wird häufig von der eigenen Erfahrung bestätigt. Typische Anwendungsfälle dieses Prinzips kennt man daher aus den gängigsten Onlineshops, die zum Beispiel ausweisen, wie viele Leute sich gerade ein Produkt ansehen oder heute schon gekauft haben. Auch bieten sich Influencer, Testimonials oder

schlicht Kundenbewertungen (Kommentare oder Likes) an, um dem Nutzer soziale Bestätigung zu suggerieren. Etliche Tests haben gezeigt, dass diese Effekte umso besser greifen, je näher der Kunde dem Kauf bzw. der Interessent dem Prozessabschluss ist.

4. **Authority (Autorität):** Menschen sind es gewohnt, in Gruppen sogenannten Alphatieren zu folgen. Dieses Prinzip hat sich im Laufe der Evolution bewährt. Dies ist mit einer der Gründe, warum Kunden häufig Experten mehr Gehör schenken als „normalen" Nutzern, je eher die Autorität als Experte, desto mehr vertrauen die Nutzer dieser Meinung. Dieses Prinzip kann man sich für Conversion-Optimierung und bei A/B-Tests zunutze machen, indem man bewusst verschiedene Testimonials gegeneinander testet, um herauszufinden wem die Kunden am meisten Vertrauen schenken. Die Autorität muss im Übrigen nicht zwangsläufig ein Experte in genau jenem Gebiet sein, sondern es reicht häufig, wenn die Person ein erfolgreicher Experte auf anderem Gebiet ist. Deshalb machen unter anderem Sportler Werbung für Getränke oder Kosmetik. Außerdem haben bestimmte Berufsgruppen, etwa Ärzte, Polizisten oder Richter, von sich aus schon eine höhere Autorität, was vermutlich auch den Erfolg von Ärzten (Stichwort: Dr. Best) in der Werbung erklärt. Gütesiegel gelten ebenfalls als Ausweis von Autoritäten.

5. **Scarcity (Verknappung):** Sicherlich sind Ihnen noch die Bilder von leeren Toilettenpapierregalen während der Coronapandemie vor Augen. Aus Angst, dieses Produkt könnte knapp werden, begannen Hamsterkäufe, die zu einer tatsächlichen Knappheit führten und die Käufer auf die wildesten Ideen brachte, um dennoch an Toilettenpapier zu gelangen. Beispielsweise begannen sogar Pizzalieferdienste kostenlose Toilettenpapierpackungen zu Bestellungen hinzuzugeben. Die meisten Menschen haben gelernt, dass knappe Güter immer etwas Kostbares sind. Ein Prinzip, das gar nicht so einfach umsetzbar ist, wenn gefühlt neun Monate im Jahr Schokoladenweihnachtsmänner die Supermarkt-Regale bevölkern. Mengenmäßige oder zeitliche Verknappung macht prinzipiell Produkte interessanter und erhöht die Aufmerksamkeit dafür. Sogenannte Flash-Sales und sonstige zeitlich begrenzte Angebote

können einen Handlungsdruck beim Kunden aufbauen und so dessen Conversion fördern. Hinweise wie „nur noch wenige Artikel vorrätig" können beispielsweise im Rahmen von A/B-Tests bezogen auf ihre Platzierung getestet werden.

6. **Commitment und Consistency (Engagement und Konsistenz):** Zum Glück ist auf die meisten Menschen Verlass, mag man sich denken, wenn man sich mit diesem Behavior Pattern beschäftigt. Dabei geht es darum, dass man meist langfristig zu seinen getroffenen Entscheidungen steht. Sonst wäre die Scheidungsrate von Ehen wahrscheinlich noch höher. Dieses Prinzip, dass man an einmal getroffenen Entscheidungen festhält, lässt sich auch sehr gut auf Webseiten und Onlineshops übertragen. Eine große Wirkung entfaltet dieses Prinzip, wenn das Commitment freiwillig, aktiv und öffentlich abgegeben wird (Spreer, 2018). Für Testhypothesen eignet es sich, dem Nutzer vor Augen zu führen, dass er bereits sein Commitment abgegeben hat und er darin bestätigt wird, den Prozess nun abzuschließen (z. B. über Fortschrittsbalken in Antragsstrecken oder Bestellprozessen). Auch könnte sich hier eine Erinnerung an einen gefüllten und noch nicht abgeschickten Warenkorb als wirkungsvolle Maßnahme auf Basis dieses Prinzips entpuppen.

7. **Storytelling (Geschichtenerzählen):** Das älteste Buch der Welt, die Bibel, steckt voller Metaphern und Gleichnisse. Vielleicht weil sich ihre Verfasser des Prinzips des Storytellings bewusst waren. Menschen können sich Informationen leichter und länger merken, wenn sie in Geschichten verpackt sind. Dies beruht darauf, dass emotionale Informationen leichter verarbeitet werden können. So lassen sich beispielsweise Nutzenversprechen leichter kommunizieren, wenn sie in Geschichten verpackt sind. Zum Beispiel „Das Zelt hat einen neuartigen Regenschutz, mit dem können Sie 5 Tage am Stück im tiefsten Regenschauer verbringen, ohne nasse Füße zu bekommen." Produktbeschreibungen als emotionale Geschichten zu verpacken kann daher eine gute Möglichkeit für A/B-Testansätze bilden.

8. **Reason Why (Begründungen für Handlungen):** Sie kennen das Dilemma, Sie sind bereits spät dran, müssen aber noch

einkaufen. Mit zwei Artikeln in der Hand stehen Sie in einer langen Schlange, und sie müssen leider vorgelassen werden, um noch rechtzeitig zu Ihrem Termin zu erscheinen. Wie werden Sie daher Ihre Miteinkäufer fragen, um möglichst von allen vorgelassen zu werden? Ein ähnliches Experiment wurde in den Siebzigerjahren unter dem Namen „Copy Machine Study" durchgeführt (Langer et al., 1978) Dabei wurde herausgefunden, dass ein entscheidender Faktor, um vorgelassen zu werden, schlicht die Verwendung einer Begründung ist (… weil …). Sogar Nonsens-Begründungen wie „weil ich vorgelassen werden möchte" bringen deutlich bessere Ergebnisse, als keine Begründung zu liefern. Daraus lässt sich lernen, dass das Wörtchen „Weil" für Conversion-Optimierer eine sehr entscheidende Rolle spielen kann. Sofern Argumente begründbar sind, werden die Nutzer Ihnen vermutlich Vertrauen schenken. Dies sollten Sie unbedingt einmal im Rahmen ihrer Nutzenversprechen testen.

9. **Primacy/Recency Effect (Erstinformation-Letztinformation-Effekt):** Wenn Sie eine Rede halten, sollten Sie immer darauf achten, dass wichtige Informationen sowohl im Beginn der Rede stecken wie auch an deren Ende. Warum? Weil bei den meisten Menschen der sogenannte Primacy/Recency Effect wirkt, der besagt, dass sich Menschen bei einer Vielzahl von Informationen meistens die ersten und letzten Informationen einer Aufzählung merken können. Das bedeutet für Sie, dass Sie dieses Prinzip unbedingt im Rahmen von Vorteilsauflistungen, Produktbeschreibungen oder bei der Sortierung von Produkten berücksichtigen sollten. Wichtige Informationen gehören damit immer an den Beginn und den Schluss (Spreer, 2018). Außerdem besagt dieses Prinzip auch, dass Sie Ihrer Startseite und der Bestellabschlussseite durchaus viel Aufmerksamkeit widmen sollten.

10. **Paradox of Choice (Das Auswahlparadoxon):** Sie haben dieses Phänomen sicherlich schon einmal erlebt, Sie befinden sich in einem Restaurant und können sich auf Basis einer wahnsinnig umfangreichen Karte einfach mal wieder nicht entscheiden. Jede Entscheidung erfordert eine große Kraftanstrengung beim Nutzer, und zu viele Entscheidungen können ihn fast schon

entscheidungsmüde machen. Hier empfiehlt es sich, sich mit dem Paradox of Choice vertraut zu machen. Denn viele Nutzer verspüren bei Entscheidungen eine Angst, sich falsch zu entscheiden, die dazu führt, dass letztendlich gar keine Entscheidung getroffen wird. Zudem birgt jede Entscheidung die Gefahr, dass eine Alternative besser gewesen wäre. Hier malen sich viele Nutzer oft auch unrealistische Vorstellungen von der Handlungsalternative aus. Für Onlineshops bedeutet dieses Prinzip zunächst die Entscheidung des Nutzers, auch bei einem großen Sortiment dann eher in „Entscheidungshäppchen" aufzuteilen, in dem man den Nutzern beispielsweise zunächst eine geringere Anzahl von Produkten präsentiert und danach weitere Stöbermöglichkeiten bietet. Filter- und Vergleichsmöglichkeiten bieten dem Kunden darüber hinaus ebenfalls gute Alternativen, seine Auswahl einzuschränken.

11. **Ranking (Rangreihenfolge):** Der Mensch ist gewohnt, sich an seiner Position in Konkurrenz zu anderen zu orientieren. Das erklärt beispielsweise, warum man bei einem sportlichen Wettkampf mehr Leistung zeigt, wenn es Punkte gibt oder man in einer Tabelle oder Rangliste platziert wird. Doch warum möchten wir unbedingt Ranglisten anführen? Dies liegt mit darin begründet, dass sich andere Menschen wiederum sehr stark an diesem Ranking orientieren. Mit diesem Effekt lässt sich zum Beispiel erklären, warum man den zuoberst platzierten Treffern in der Google-Suche die Position eines Marktführers zuordnet, oder in der Regel die Topprodukte in einem Shop, die in einer Rangliste präsentiert werden, auch am meisten gekauft werden. Für Ihre A/B-Tests bietet es sich daher an, verstärkt mit Listen und Sortierungen zu arbeiten, um dem Nutzer darüber Empfehlungen geben zu können und so die Conversion Rate positiv zu beeinflussen.

12. **Cognitive Dissonance (Kognitive Dissonanz):** Kognitive Dissonanz entsteht in der Regel dann, wenn das menschliche Handeln nicht mit seinen Überzeugungen übereinstimmt. Zur Kompensation schlägt Philipp Spreer in seinem Buch Psyconversion drei mögliche Kompensationsstrategien vor: Anpassung unseres Verhaltens, Anpassung unserer Überzeugungen, Anpassung unserer Wahrnehmung (Spreer, 2018). Im Bereich des E-Commerce tritt

dieser Effekt häufig auch in der Form der bereits angesprochenen Kaufreue auf. Hierzu empfiehlt es sich, dem Nutzer bereits unmittelbar nach Kauf erste Argumente zu geben, um eine mögliche kognitive Dissonanz abzubauen. Ebenfalls erklärt die kognitive Dissonanz, warum es so wichtig ist, hochwertige Anmutungen auch bis zum Ende der Customer Journey (in diesem Fall die Lieferung des Produkts durchzuhalten). Ein sehr hochwertig gemachter Onlineshopauftritt kann zum Beispiel zu kognitiver Dissonanz führen, wenn die Bestell- und Versandmails nach dem Kauf ästhetisch fraglich sind. Auch Kundenzufriedenheitsbefragungen, die nach den Kaufgründen fragen und diese bereits in Listenform vorgeben, können sich positiv auf den Effekt der kognitiven Dissonanz auswirken (Spreer, 2018).

13. **Illusion of Control (Illusion der Kontrolle):** Unter der Illusion of Control versteht man, dass Entscheidungen als umso wertvoller angesehen werden, je mehr sie durch eigenes Können oder Wissen gefällt werden (Weller, 2019). Ein gutes Beispiel für dieses Prinzip ist beispielsweise die Tatsache, dass viele Backmischungen noch das Hinzufügen weiterer Zutaten benötigen, um dem Nutzer das Backen des Kuchens als eigene Leistung zu vermitteln. Auf Webseiten lässt sich dieser Effekt durch Konfiguriermöglichkeiten von Produkten erlangen. Ebenfalls ist eine gute Usability auf der Webseite eine Illusion of Control. Vermieden werden sollten Fehler im Bestellprozess, die dem Nutzer die Kontrolle über seine Bestellung nehmen. Wiederum kann man sich diesen Effekt zunutze machen, indem man dem Besucher im Fall von Fehlermeldungen konkrete Handlungsempfehlungen gibt. „Leider ist ein Fehler aufgetreten, bitte kehren Sie zur Startseite zurück und starten Ihre Suche erneut".

14. **Halo Effect (Abstrahleffekt):** Merkmale, die einem besonders positiv oder negativ ins Auge stechen, können stark auf weitere Entscheidungen abstrahlen. Das merken wir zum Beispiel daran, dass es manchmal Tage gibt, an denen scheinbar alles schief geht. Einmal in diesem Glauben, werden wir an diesem Tag vor allem negative Dinge wahrnehmen und weniger die Dinge, die an diesem Tag gut gehen. Für die Conversion-Optimierung kann dieser Effekt auch

positiv eingesetzt werden, indem dem Kunden bewusst positive Erfahrungen präsentiert werden (z. B. positive Kundenstimmen, Empfehlungen von Freunden etc.), die sich auf seine weitere Customer Journey positiv auswirken können. Auch der Einsatz von positiv besetzten Testimonials kann auf dieses Prinzip einzahlen.

15. **Endowment Effect (Beschenkungseffekt):** Menschen erachten Dinge als besonders wertvoll, die sie bereits besitzen, und möchten sich von diesen ungern wieder trennen. Diesen Effekt kennt man vielleicht vom Kauf eines Autos. Sobald Ihr Kaufinteresse geweckt ist, bietet Ihnen der Autoverkäufer umgehend eine Probefahrt mit dem neuen Wagen an. Dabei geht es nur bedingt darum, dass sie diesen Wagen einmal „ausprobieren", sondern auch darum, dass Ihnen schon einmal vermittelt wird, dass Sie diesen Wagen dadurch bereits besitzen. Es wird Ihnen danach umso schwerer fallen, sich wieder von dem Produkt zu trennen, und der Kauf wird für Sie wahrscheinlicher. Gleiches tritt auf, wenn sich Kunden nur schwer von Produkten trennen können und daher utopische Preise bei Gebrauchtverkäufen aufrufen. Für Ihre Conversion-Optimierung kann zum Beispiel dieses Prinzip durch Freemium-Angebote getestet werden. Dabei bekommt der Nutzer zum Beispiel eine vollwertige Version für einen bestimmten Zeitraum freigeschaltet und muss sich danach unfreiwillig von dem lieb gewonnenen Leistungsumfang trennen, wenn er nicht die Vollversion kauft. Auch können besonders lange Umtauschzeiträume das Behalten des Produktes wahrscheinlicher machen, da man so das Produkt bereits als sein eigenes betrachtet.

16. **Framing (Rahmen setzen):** Es gibt Menschen, für die das Glas immer halb voll ist, während für andere das Glas halb leer ist. Sie fragen sich, worin der Unterschied liegt? In dem einen Fall erleben Sie den Effekt von positivem Framing („halb voll"), im anderen den von negativem Framing („halb leer"). Es lässt sich also schlussfolgern, dass alles eine Frage der Wahrnehmung, genauer des Wahrnehmungsrahmens ist. 5 % Ihrer Kunden beschweren sich nach dem Kauf? Damit verfügt Ihr Shop über eine Kundenzufriedenheit von 95 %. Ihr Abonnement kostet 30 € im Monat? Damit können Sie das Produkt schon für 1 € pro Tag nutzen, ist das Ihnen zu viel

für echten Qualitätsjournalismus? Sie merken, mit dem richtigen Framing finden Sie sehr viele Testansätze.

17. **Curiosity (Neugier wecken):** Wie oft sind Sie im Supermarkt schon über ein Produkt gestolpert, das Sie vor allem wegen des bunten Störers „neu" gekauft haben? Menschen sind von Natur aus neugierige Wesen. Sie möchten Neues entdecken. Kein Wunder also, dass der renommierte Psychologieprofessor Steven Reiss Neugierde als stärksten Motivator überhaupt identifiziert hat (Reiss, 2004). Arbeiten Sie daher verstärkt mit Formulierungen wie „neu" oder „exklusiv" und versuchen Sie, die Neugierde durch ansprechende Betreffzeilen in Newslettern oder Vorabansichten neuer Produkte zu schüren. Gerade der Einsatz von Störern bietet sich bei diesem Pattern für Tests an.

18. **Anchoring (Anker setzen):** Ein Anker gibt einem Schiff Halt und sorgt dafür, dass es nicht auf das offene Meer abtreibt. Genauso verhält es sich mit einem gut gesetzten Anker im Verkaufsgespräch. Sie kennen das wohl auch, wenn Sie einmal eine neue Waschmaschine im Elektromarkt kaufen wollten. Zunächst wird der Verkäufer Sie nach Ihrem Budget fragen und Ihnen dann 1–2 Modelle zeigen, die über Ihrem Budget liegen, bevor er Ihnen das für Ihr Budget passende Modell gezeigt hat. Dadurch setzt er bewusst einen Anker, da Sie jetzt wissen, welche tollen Funktionalitäten Sie für mehr Investition bekommen würden im Vergleich zu Ihrem Budget. In den meisten Fällen werden Sie so deutlich mehr Geld als ursprünglich geplant ausgeben. In Onlineshops und Verkaufsprozessen kommt das Ankerprinzip sehr häufig zum Tragen, wenn Sie beispielsweise aus mehreren Optionen wählen möchten. Dabei gibt es oft eine wenig attraktive Option, eine teure Option mit vielen Features, die Sie eventuell nicht benötigen, und 1–2 Optionen in der Mitte, für die Sie sich in den meisten Fällen entscheiden werden. Ein gutes Beispiel dafür zeigt Abb. 8.5, die dieses Pattern mit dem Authority Pattern kombiniert und damit eine Empfehlung ausspricht.

Ein anderer klassischer Einsatz dieses Patterns im Bereich des A/B-Testings ist es zum Beispiel, die Darstellung von Streichpreisen zu

Abb. 8.5   Beispiel des Patterns Anchoring. (Quelle: www.reviews.io)

testen. Dieser Preis setzt dabei einen Anker, weshalb dafür häufig ein möglichst hoher Preis gewählt wird (zum Beispiel die unverbindliche Preisempfehlung des Herstellers).

19. **Nudging (Anstupsen):** Von Nudging spricht man in der Regel, wenn man Nutzer zu bestimmten Verhaltensweisen „anstupst", indem man ihnen kleine Bestätigungen oder dezente Hinweise als Handlungsaufforderung anbietet (Thaler et al., 2010). Uns begegnet im täglichen Leben eine Vielzahl von Elementen, die auf dem Nudging-Prinzip basieren, zum Beispiel in Form von Piktogrammen, die uns daran erinnern, den Müll in die Tonne und nicht daneben zu werfen, oder in Form von Schildern und Hinweisen, wo wir uns platzieren oder bewegen sollen. Onlineshops nutzen dieses Prinzip vor allem, um Nutzer sinnvoll zur Transaktion zu leiten, zum Beispiel, indem Call-to-Action-Buttons eingesetzt werden, die den Nutzer dezent durch eine kleine Animation oder einen plastischen Eindruck zum Klicken des Buttons bringen möchten. „Empfehlungen" auf der Webseite oder anderen digitalen Produkten können den Nutzer ebenfalls dezent in seiner

Entscheidung beeinflussen. Wichtig beim Nudging ist immer, dass diese Hinweise sehr subtil erfolgen sollten und weder direkten Zwang noch ein besonders starkes Incentive benötigen.

20. **Zero-Risk-Bias (Null-Risiko-Trugschluss):** Die Zero-Risk-Bias beschreibt das Phänomen, dass viele Menschen eine starke Risikoaversion haben und sich nach Gewissheit sehnen. In einer Studie wurden Teilnehmer gefragt, was ihnen lieber wäre, eine Risikoreduktion von 5 % auf 0 % oder eine Risikoreduktion von 50 % auf 25 %. Die meisten Teilnehmer entschieden sich für die erste Option (The Decision Lab, 2021). Die Tendenz zu einer kompletten Risikovermeidung lässt sich für Ihre A/B-Tests verstärkt einsetzen, wenn es um das Thema Bedenken und Einwände geht. Testen Sie hierzu mögliche Vorteilsargumentationen mit dem Hinweis „risikoloses Testen", „unverbindlich ausprobieren" oder „unkomplizierter Rückversand".

Die hier vorgestellten Behavior Patterns haben Ihnen hoffentlich einen ersten Vorgeschmack auf Testideen basierend auf Prinzipien der Verhaltensökonomie geben können. Es gibt auf dem Markt noch Hunderte weitere Behavior Patterns im Rahmen der Conversion-Optimierung oder speziell im Rahmen der User Experience, da immer wieder neue psychologische Studien durchgeführt werden, die weitere Erkenntnisse zu den Prinzipien menschlichen Handels liefern. Sich regelmäßig dazu zu informieren, kann Ihnen daher wichtige Erkenntnisse und wertvolle Wettbewerbsvorteile liefern.

8.3   Die richtige Datenauswertung

Der bekannte Conversion-Optimierer Chris Goward schrieb einst in seinem Buch „You should test that", dass das einzige, das schlimmer ist als nicht zu testen, die Fehlinterpretation der Ergebnisse ist (Goward, 2013). Statistiken lassen immer einen gewissen Interpretationsspielraum und sind daher häufig auch von der Meinung des Auswerters beeinflusst. Was dieses Thema für A/B-Tests umso relevanter macht, ist, dass häufig diejenigen, die die Tests auswerten, auch diejenigen sind, die die

Testidee hatten. Geht man offen in die Testauswertung, muss sich jeder A/B-Tester daher zwangsläufig auch selbst widerlegen, wenn das die Ergebnisse widerspiegeln. Je ausgeprägter die Testing-Kultur im Unternehmen fortgeschritten ist, desto schwieriger dürfte dieser Umstand werden, da sich die Conversion-Optimierer in ihrer Organisation durchaus einen Expertenstatus erarbeitet haben und eventuell gern den Kollegen Tipps auf Basis ihrer Kundenkenntnis geben, auch wenn sie diese besser testen sollten. In der Praxis wird der Auswerter, sofern er einen Favoriten hat, natürlich bei der Auswertung dieser Variante für Argumente für einen Sieg suchen. Zum Beispiel indem er anführt, dass doch der Durchschnittsumsatz in dieser Variante höher ist oder die Absprungrate niedriger. Es ist daher von zentraler Bedeutung, sich vor dem Teststart auf die relevanten Kennzahlen zu einigen, an diesen festzuhalten und nur diese danach zu interpretieren. Wie schon im Kap. 7 zu Statistik angesprochen, ist einer der entscheidenden Faktoren bei der Auswertung von Tests stets Geduld. Selbst wenn die Kollegen bereits drängeln oder Ihr Chef unbedingt erste Resultate haben möchte, solange die Ergebnisse nicht ein hohes Konfidenzlevel haben, sind sie nun mal nicht auswertbar. Unter diesen Umständen hätten Sie gleich nach Bauch entscheiden können und sich die Durchführung des Tests sparen können. Daher sollten Sie sich und Ihre Kollegen stets daran erinnern, welche Rolle die Statistik bei der Interpretation der Ergebnisse spielt. Übrigens: Auch die nachträgliche Änderung des Konfidenzlevels (80 % reichen doch auch) sollte tunlichst vermieden werden. Einmal definiert, sollten Sie bei Ihren Testing-Grundsätzen bleiben, um auch vergleichbare Ergebnisse zu bekommen. Dies gilt natürlich auch bei Varianten, die schlechter als das Original performen. In mehr als 10 Jahren Testing-Erfahrung habe ich bereits einige Tests gesehen, bei denen Underperformer sich im Lauf der Zeit noch zu Gewinnern entwickelt haben. Dennoch möchte man natürlich Varianten nicht ewig laufen lassen, wenn sie negative Ergebnisse liefern. Es empfiehlt sich daher, vor dem Test sogenannte Stop Conditions zu definieren. Zum Beispiel: Wenn eine Variante mehr als eine Woche schlechter als 5 % unter der Referenz Ergebnisse liefert, wird sie abgeschaltet. Unter diesen Rahmenbedingungen ist es im Übrigen auch unbedenklich und gängige Praxis bei Tests, die mehr als zwei Versionen beinhalten, schlecht laufende Varianten während des Tests zu entfernen, ohne den Test dafür stoppen zu müssen.

Bei der Auswertung des A/B-Tests sollte der Conversion-Optimierer vor allem auf folgende Kennzahlen ein besonderes Augenmerk legen:

- **Gesamt-Conversions und eindeutige Conversions (Unique Conversions):** Je nach Testing-Tool kann die Benennung der Kennzahl etwas variieren. Das Konzept, das dahintersteckt, ist jedoch bei allen Tools dasselbe. Da User teilweise mehrfach Conversions auslösen, zum Beispiel weil sie während der Testlaufzeit mehrfach bestellen oder mit Elementen interagieren, ist es sinnvoll, beides voneinander zu unterscheiden und diesen Unterschied bei der Testauswertung zu berücksichtigen. Häufig ist in diesem Zusammenhang daher die Auswertung auf Basis „eindeutiger Bestellungen" sinnvoll.
- **Besuche (Visits) und eindeutige Besucher (Unique Visitors):** Ähnlich wie bei den Conversions verhält es sich auch bei den Besuchen innerhalb von A/B-Tests. Je nach getesteter Applikation oder Webseite kann die Anzahl von wiederkehrenden Besuchern ein Experiment in der Interpretation beeinflussen. Hierzu sollten diese beiden Metriken bei der Auswertung berücksichtigt werden und auch eine Recherche, wie das Tool einen Unique Visitor definiert, erscheint ratsam: z. B. innerhalb von wie vielen Tagen. Zumeist werden diese auf Basis eines 30-Tage-Zeitraums gemessen.
- **Conversion Rate:** Diese misst in der Regel den Prozentsatz der User innerhalb eines Experiments, die eine bestimmte Metrik erfüllt haben. Zum Beispiel eine Anmeldung, Bestellung etc. Sie ist meist die Hauptkennzahl (Key Performance Indicator) für den Erfolg des Experiments.
- **Improvement Rate/Steigerungsrate:** Diese Kennzahl misst den Unterschied der Conversion Rate zwischen den Varianten. Liegt die Conversion-Rate-Steigerung im positiven Bereich, spricht man häufig von einem „Uplift". Liegt die Conversion-Rate-Steigerung im negativen Bereich in Bezug auf das Original, spricht man zumeist von einem „Downlift".
- **Konfidenzintervall:** Diese Kennzahl ist häufig die am meisten vernachlässigte Kennzahl, aber gleichzeitig auch mit die wichtigste. Sie

gibt an, in welchem Erwartungsbereich die Ergebnisse liegen (siehe Abb. 8.6). Bei der Interpretation sollte sehr genau darauf geachtet werden, dass das Konfidenzintervall klar in einem Bereich liegt. Nur so lässt sich zumindest sicher sagen (z. B. mit 90 % oder 95 % Genauigkeit), dass Variante A besser als die Referenz ist. Liegt das Konfidenzintervall sowohl im negativen wie im positiven Bereich, könnte entweder ein Downlift oder ein Uplift vorliegen. Der Test ist daher noch nicht auswertbar, da noch nicht klar ist, ob die Gewinnervariante besser oder schlechter als das Original ist. Zudem sollte beachtet werden, dass das Konfidenzintervall die Spannweite der Ergebnisse bei der Implementierung ausgibt. Korrekt wäre die Interpretation der Daten bei dem signifikant positiven Ergebnis aus Abb. 8.6. Dieses besagt, dass bei Übernahme der Gewinnervariante die Ergebnisse zukünftig mit einer Aussagekraft von 90 oder 95 % zwischen 10 und 30 % Uplift/Conversion-Steigerung liegen werden.

- **Statistische Signifikanz:** Die statistische Signifikanz gibt an, inwiefern das Ergebnis systematisch und nicht dem Zufall geschuldet ist. Man könnte sie daher, vereinfacht ausgedrückt, auch als Aussagegenauigkeit beschreiben. Eine Signifikanz von 90 % bedeutet, dass bei einer Wiederholung des Experiments mit einer 90%igen Wahrscheinlichkeit mit demselben Ergebnis zu rechnen ist, das Resultat also nicht dem Zufall geschuldet ist.
- **Durchschnittlicher Warenkorbwert:** Dieser Wert kann sehr tückisch für Ihre Auswertung sein, da die Basis für die Signifikanz in den meisten A/B-Testtools immer die Conversion an sich und nicht der Wert dieser ist. Die statistischen Verfahren, die in den Reportings angewendet werden, sind daher auf binomische Daten fokussiert (Conversion: ja/nein) und nicht für große Wertesets, wie sie sich

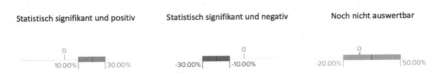

Abb. 8.6 Interpretation des Konfidenzintervalls. (Quelle: Eigene Darstellung)

beim Umsatz ergeben. Zur Kalkulation der Signifikanz des Umsatzes müssen daher in den meisten Fällen Datenexporte durchgeführt und eigene Kalkulationen angestellt werden. Zum Beispiel auf Basis des Mann-Whitney-Wilcoxon-Rank-Sum Tests (Georgiev, 2017). Auch empfiehlt sich hier die Arbeit mit dem Median, statt dem Mittelwert, da die Ergebniswerte beim Umsatz stark schwanken dürften und der Mittelwert daher nur unzureichende Erkenntnisse liefert. Häufig werden in diesen Fällen nach dem Export auch Extremwerte bereinigt, um zu einem sinnvollen Mittelwert zu gelangen.

Viele Tools bieten auch die Aufbereitung dieser Daten in Grafiken an. Dies sorgt dafür, dass man die Ergebnisse gut im Vergleich der Varianten untereinander visualisieren und so auch Schwankungen erkennen kann. Beispielsweise sollte man den Test erst stoppen, wenn die statistische Signifikanz über mehrere Tage stabil ist. Dies lässt sich durch grafische Auswertungen gut überprüfen. Sofern Sie eine eigene Lösung für A/B-Tests einsetzen, die kein Reporting bietet, oder nicht alle Kennzahlen abdeckt, so empfiehlt es sich, die Daten aus dem Webanalytics-System zu exportieren und die statistischen Kennzahlen über Onlinetools zu kalkulieren. Hierfür gibt es eine Vielzahl von Rechnern, zum Beispiel auf den Seiten von konversionsKRAFT oder CXL, auf die an der Stelle gern verwiesen sei. Auch bieten viele Toolanbieter Möglichkeiten, diese Kennzahlen auch manuell zu kalkulieren.

Ein sehr wesentlicher Aspekt bei der Auswertung der Testkennzahlen besteht darin, zwischen Mikro- und Makro-Conversions zu unterscheiden, wie in den vorherigen Kapiteln beschrieben. Idealerweise weist Ihre A/B-Testlösung für jedes dieser Ziele die statistischen Kennzahlen mit aus. Nur so lässt sich sagen, ob auch Unterziele bislang signifikant sind. Sollte das nicht der Fall sein, stehen Sie vor der Entscheidung, den Test so lange weiterlaufen zu lassen bis diese Kennzahlen auch für die Unterziele auswertbar sind, oder den Test bei Signifikanz der Hauptmetrik abzubrechen.

Ein weiterer wichtiger Aspekt kann die Segmentierung von Ergebnissen sein. Beispielsweise möchten Sie wissen, welche Zielgruppenkriterien zwischen den Versionen unterschiedliche Ergebnisse geliefert haben. So können Sie eventuell erkennen, dass Variante A in Summe zwar die Gewinnervariante ist und einen signifikanten Uplift generiert, merken jedoch bei einer Segmentierung nach Endgeräten, dass dies vor allem daran liegt, dass die Performance bei mobilen Endgeräten deutlich besser ist. Das hilft Ihnen bei der Interpretation der Ergebnisse und sorgt bereits für Ansätze für Anschlusstests.

Fazit

Einer der häufigsten Anwendungsfälle von A/B-Tests ist die Conversion-Optimierung, die versucht, durch eine Vielzahl von iterativen Tests das Verhalten der Nutzer hin zu einem bestimmten Webseitenziel zu beeinflussen. Das richtige Testing-Framework bezogen auf Ihre Anwendungsfälle, rein E-Commerce oder mit einem anderen Branchenfokus, liefert den nötigen Handlungsrahmen, um eine strukturierte Testing-Kultur aufzubauen und passende Ansätze für A/B-Tests zu generieren. Psychologische Prinzipien wie Thinking, Fast and Slow und Behavior Patterns spielen eine wichtige Rolle bei der Generierung von Ansätzen für A/B-Tests, da sie nicht nur bei der Ideenfindung helfen, sondern auch die nötigen Rahmenbedingungen zur Interpretation der Testergebnisse und der Erklärung des „Warum" des Userverhaltens liefern. Ein A/B-Test kann nur so erkenntnisreich sein, wie es seine Interpretation zulässt. Daher lernten Sie zum Ende des Kapitels gängige Kennzahlen und ihre Interpretationsmöglichkeiten kennen.

Ihr Transfer in die Praxis

- Die Beschäftigung und Vertiefung mit dem Thema Psychologie hilft Ihnen, das Verhalten Ihrer Kunden zu verstehen und Ansätze für Tests zu generieren.
- Versuchen Sie zu evaluieren, welche Behavior Patterns wohl bei Ihrer Kundengruppe am meisten Impact erzeugen werden.
- Die richtige Interpretation der Testergebnisse ist eine Schlüsselaufgabe in der Conversion-Optimierung. Versuchen Sie sich mit den wichtigsten Kennzahlen Ihrer A/B-Testing-Lösung vertraut zu machen und Lücken über eigene Kalkulationen zu schließen.

Literatur

Georgiev, G. (2017). Statistical significance for non-binomial metrics – Revenue per user, AOV, etc. Blog for web analytics, statistics and data-driven internet marketing|Analytics-Toolkit.Com. https://blog. analytics-toolkit.com/2017/statistical-significance-non-binomial-metrics-revenue-time-site-pages-session-aov-rpu/. Zugegriffen: 26. Mai 2021.

Goward, C. (2013). *You should test that: conversion optimization for more leads, sales and profit or the art and science of optimized marketing* (1. Aufl.). Sybex.

Hopkins, F. (2018). The conversion sequence heuristic – Frank Hopkins. Medium. https://frankphopkins.medium.com/the-conversion-sequence-heuristic-3d476b959713. Zugegriffen: 26. Mai 2021.

Kahneman, D., & Schmidt, T. (2016). *Schnelles Denken, langsames Denken* (Erstmals im TB Aufl.). Penguin.

konversionsKRAFT. (2019). Das 7-Ebenen-Modell: Eine Methodik für bessere User Experiences. https://www.konversionskraft.de/konversionsrate/7-ebenen-modell-customer-experience.html. Zugegriffen: 26. Mai 2021.

Krug, S. (2013). *Don't make me think: A common sense approach to web usability (voices that matter)* (revised edition). New Riders.

Langer, E., Blank, A., & Chanowitz, B. (1978). The mindlessness of ostensibly thoughtful action: The role of "placebic" information in interpersonal interaction.

Morys, A. (2012). *Conversion-Optimierung – Praxismethoden für mehr Markterfolg im Web*. entwickler.press.

Morys, J. (2017). Behavior pattern „reason why" – überzeugungsKRAFT. konversionsKRAFT. https://www.konversionskraft.de/ueberzeugungskraft/behavior-pattern-reason-why.html. Zugegriffen: 26. Mai 2021.

Mullin, S. (2020). Psychology and behavioral conversion optimization. CXL. https://cxl.com/conversion-rate-optimization/how-to-use-psychology-in-cro/. Zugegriffen: 26. Mai 2021.

Reiss, S. (2004). Multifaceted nature of intrinsic motivation: The theory of 16 basic desires. *Review of General Psychology, 8*(3), 179–193.

Spreer, P. (2018). *PsyConversion: 101 Behavior Patterns für eine bessere User Experience und höhere Conversion-Rate im E-Commerce* (1. Aufl.). Springer Gabler.

Thaler, R. H., Sunstein, C. R., & Bausum, C. (2010). *Nudge: Wie man kluge Entscheidungen anstößt* (16. Aufl.). Ullstein Taschenbuchvlg.

The Decision Lab. (2021). Zero risk bias – Biases & heuristics. https://thedecisionlab.com/biases/zero-risk-bias/. Zugegriffen: 26. Mai 2021.

Weller, R. (2019). Konsumpsychologie und Behavior Patterns: Was Conversion-Optimierer wissen müssen. konversionsKRAFT. https://www.konversionskraft.de/konsumpsychologie/behavior-pattern.html. Zugegriffen: 26. Mai 2021.

Widerfunnel. (2021). LIFT model: Most popular conversion optimization framework. https://www.widerfunnel.com/conversion-optimization-framework/.

9

Die Zukunft des A/B-Testings

Zusammenfassung Das A/B-Testing, eine Disziplin, die bereits seit rund 25 Jahren auf dem Markt ist, ist mittlerweile ein „unkapputbarer" Bestandteil jeder kundenorientierten Unternehmensphilosophie. Dennoch erleben wir derzeit einige interessante Veränderungen in der A/B-Testing-Welt, die das Bild des A/B-Testings in der Zukunft stark beeinflussen dürften. Diese drei Trends sind: Full-Stack-Testing, der Einsatz von künstlicher Intelligenz und die Auswirkung des Themas Datenschutz und Sicherheit auf die Unternehmen.

> **Was Sie aus diesem Kapitel mitnehmen**
>
> - Was unterscheidet clientseitiges und serverseitiges Testing? Wann setze ich welches Verfahren ein?
> - Wie kann künstliche Intelligenz das zukünftige Testing auf ein neues Level heben? Wann kommen intelligente Algorithmen zum Einsatz?
> - Welche Rolle spielt das Thema Datenschutz im A/B-Testing? Wohin entwickelt sich der Markt?

© Der/die Autor(en), exklusiv lizenziert durch Springer Fachmedien Wiesbaden GmbH, ein Teil von Springer Nature 2021
M. Witzenleiter, *Quick Guide A/B Testing,* Quick Guide,
https://doi.org/10.1007/978-3-658-34649-2_9

9.1   Full-Stack-Testing und seine Herausforderungen

Betrachtet man die Geschichte des A/B-Testings, so hat dort immer auch das Thema Agilität und Autonomie eine wichtige Rolle in der Erfolgsgeschichte dieser Disziplin gespielt. Nur logisch war daher auch die Entwicklung, durch technische Fortschritte wie spezialisierte A/B-Testing-Lösungen eine gewisse Emanzipation der Testing-Teams von den produktiven Entwicklungsabteilungen der Unternehmen zu schaffen. Durch simpel zu implementierende Editoren für A/B-Tests, die einfach über JavaScript-Code auf die zu testenden Webseiten und digitalen Projekte gewandert sind, konnten Testing-Teams und Conversion-Optimierer nun unabhängig von der eigenen IT-Abteilung Tests umsetzen oder umsetzen lassen. Dies brachte nicht nur eine Entlastung der technischen Entwicklungsabteilungen mit sich, sondern garantierte eine hohe Schlagzahl und Agilität bei Testing-Projekten. Dabei erfüllen **clientseitige Skripte (auch Snippets genannt) meist vier Funktionalitäten:**

1. **Manipulation des Codes:** Was sich nach einem Hacking der Webseite anhört, ist genau dies im positiven Sinne. Man kann über eine sogenannte DOM-Manipulation, wobei DOM für Document Object Model steht, die Inhalte einer Seite verändern und darüber Varianten für A/B-Tests schaffen. DOM ist im Wesentlichen eine Schnittstelle für die Seite, die es Programmen ermöglicht, den Inhalt, die Struktur und die Stile der Seite zu lesen und zu manipulieren (Aderinokun, 2018).

2. **Tracking von Zielen:** Das verbaute JavaScript ist in der Regel auch ein sogenanntes Trackingskript, das Ziele erfasst wie beispielsweise Klicks, Verweildauern, Umsatzziele, Bestellungen etc. Dabei sind diese Skripte im Funktionsumfang meist ähnlich umfangreich und flexibel wie die Skripte von Webanalytics-Anbietern und erlauben die Erfassung nahezu jedweden Seitenziels.

3. **Targeting zur Erkennung bestimmter Usergruppen:** Wie schon im Kapitel zu Zielgruppen beschrieben, kann ein funktionierendes

Targeting sowohl für segmentierte Tests wie auch für dauerhafte Personalisierungen eine wichtige Rolle spielen. Das JavaScript liefert beispielsweise über das Setzen eines Cookies einen wichtigen Beitrag dazu. Zum Beispiel auch um User, die in einem Test waren, wiederzuerkennen und ihnen erneut dieselbe Version auszusteuern.

4. **Funktion als Tagmanagementsystem:** Das A/B-Testing-Snippet lässt sich auch ähnlich wie ein Tagmanagementsystem nutzen, um andere Skripte mit auszuliefern. So lassen sich unter anderem verschiedene Product-Recommendations-Anbieter, neue Funktionalitäten oder externe Features darüber in die Webseite einbinden und testen.

Beim clientseitigen Testing wird über das JavaScript die Variante für den Test live im Browser des Kunden verändert. Das bedeutet, dass die Seite oder das digitale Produkt über das Script live beim Laden im Client, sprich im Browser des Kunden, verändert wird. Daher auch der Name „client-side" Testing (Birkett, 2020). Es gibt in der Regel die Möglichkeit, dieses Skript synchron bzw. asynchron auszusteuern. Dies bedeutet, dass in ersterem Fall der Rest der Seite erst geladen wird, wenn der Code der A/B-Testing-Lösung geladen wurde, während letzteres zeitgleich geschieht. Die Konsequenz bei der synchronen Variante ist, dass zwar kein Flicker-Effekt, aber bei Nichtfunktionalität oder langer Ladezeit des Testing-Skripts die Seite gar nicht oder nur langsam geladen werden kann. Bei der asynchronen Aussteuerung stellt sich dieses Problem nicht, jedoch kann unter Umständen eben besagter Flicker-Effekt, also ein „Flackern" des veränderten Elements auftreten.

Dem gegenüber lässt sich das sogenannte „server-side"-Testing abgrenzen. Dabei wird die Variante bereits bei der Anfrage des Browsers an den Server auf dem Server gewählt und verändert an den Client ausgeliefert. Das heißt, die Veränderung erfolgt in dem Fall auf dem Server, nicht im Client. Hierbei kommen in der Regel sogenannte SDKs (Software Development Kits) zum Einsatz, die eine Vielzahl von Anwendungen in einem sogenannten Installations-Package vereinen. Die beiden Verfahren finden Sie in Abb. 9.1 (siehe Abb. 9.1) illustriert.

Abb. 9.1 Funktionsweisen clientseitiges Testing und serverseitiges Testing. (Quelle: Eigene Darstellung)

Verwendet man beide Verfahren, spricht man sogenanntem **Full-Stack-Testing,** also die Verwendung von server- und clientseitigem Testing je nach Experiment. Diese Entwicklung wurde im Laufe der letzten Jahre stark vorangetrieben, da einerseits die Verbreitung vieler unterschiedlicher Endgeräte (Apps auf Fernsehern, Displays …) ebenso wie der Trend zum mobilen Internet in Form von Apps das klassische clientseitige Testing an seine Grenzen gebracht hat.

Zudem wurde das Thema Speed von Webseiten immer wichtiger, auch um gute Rankings in Suchmaschinen zu erreichen, sodass externe Skripte gerade in Entwicklerkreisen, wenn möglich, vermieden werden sollten. Man kann auch davon ausgehen, dass die meisten IT-Abteilungen in den Unternehmen recht froh sind, wieder die Oberhand über die ausgesteuerten Webseiten zu bekommen. Bedeutet es beim Auftreten von Fehlern auf der Webseite sonst, sich zunächst durch eine

Vielzahl von Anwendungen durcharbeiten zu müssen, um das jeweilige Problem auf der Webseite abstellen zu können. Ein weiterer Trend, der mit der Beliebtheit von serverseitigem Testing zu tun hat, ist sicherlich auch das Thema Datenschutz, das externe Skripte und insbesondere die Cookies, die sie setzen können, nur mit ausdrücklicher Einwilligung der Nutzer aussteuern lässt. Verwendet man in einem Test sowohl serverseitige Veränderungen als auch clientseitige Veränderungen, so spricht man auch von **hybriden Tests.** Diese verbinden die Vorteile beider Verfahren. Beim Hybrid-Testing wird zum Beispiel die Aussteuerung komplexer Varianten serverseitig durchgeführt, das Tracking oder eine zusätzliche leichtere Anpassung in den Varianten dann aber zusätzlich noch clientseitig ausgesteuert.

Doch was sind genau die Vor- bzw. Nachteile von client- und serverseitigem Testing?

Clientseitiges Testing ist der Inbegriff dessen, was wir unter dem Thema Testing-Kultur bereits vorgestellt haben, sie erlauben den Zugriff auf die Testerstellung sowie das Reporting-Backend für alle Anspruchsgruppen des Unternehmens. Durch die Einfachheit eines (häufig) visuellen Editors, den sie mitbringen, können Anwender innerhalb von wenigen Minuten, oftmals auch ohne oder mit wenigen Programmierkenntnissen, erste Tests erstellen, und fortgeschrittene Testing-Teams sind in der Lage, auch komplexere Experimente über umfangreiches Java-Script zu coden. Durch die Verwendung des Skripts im Client zum Ausspielen von Tests können auch umfangreiche Targeting-Funktionalitäten genutzt werden, die ohne Workaround sehr einfach im Client gemessen werden können, zum Beispiel Klicks auf bestimmte Elemente, Informationen, die auf der Seite eingegeben werden etc. Somit stehen im clientseitigen Targeting deutlich mehr Informationen zur Segmentierung parat, als standardmäßig im serverseitigen Testing, da hier ohne weitere Segmentierungslösungen des Servers in der Regel nur die Targeting-Informationen nutzbar sind, die bereits in der Serveranfrage vorhanden sind (z. B. Endgerät, Betriebssystem, IP-Adresse etc.). Zudem ist das Tracking von Zielen auf der Webseite durch das verwendete Skript sehr einfach umzusetzen.

Vorteile des clientseitigen Testings:

- Einfachheit, Flexibilität und Schnelligkeit bei Testerstellung
- Einfache Einbindung aller Stakeholder im Unternehmen zur Umsetzung von Tests
- Umfassendes Tracking und Targeting

Nachteile des clientseitigen Testings:

- Durchführung komplexer Tests oder von Tests, die die Architektur der Webseite betreffen, sind nur schwer bis gar nicht umsetzbar
- Keine Ausspielung von Tests innerhalb von Apps
- Gegebenenfalls Auftreten von Flicker-Effekt (Flackern auf der Seite bei Testausspielung)

Mit serverseitigem Testing lassen sich größere und umfassendere Tests durchführen als bei clientseitigem Testing. Da hier ohnehin die eigene Technik in der Verantwortung ist, kann diese naturgemäß umfangreichere Tests in den eigenen Systemen durchführen. Hierfür eignen sich zum Beispiel Preistests oder die Aussteuerung neuer Webseitenfunktionalitäten (auch Feature Flagging genannt), der Test neuer Such- oder Empfehlungsalgorithmen oder neuer umfassender Prozessstrecken, zum Beispiel im Checkout-Funnel.

Vorteile des serverseitigen Testings:

- Ermöglicht komplexe Experimente (bspw. Preisänderungen, Produktfunktionen etc.)
- Reduzierung von Ladezeit – kein Performanceverlust
- kein Flicker-Effekt
- geringere Abhängigkeit des User Consent zur Testausspielung
- gleichzeitige Multichannelexperimente (Bsp. in mobilen oder TV-Apps)

Nachteile des serverseitigen Testings:

- Mehr Ressourcen werden benötigt: Einsatz von technischen Teams und Entwicklern zur Codeerstellung notwendig
- Keine bis geringe Outsourcingmöglichkeiten
- Geringere Flexibilität – organisatorisch aufwendiger

Durch die größere Flexibilität bei der Verwendung des Fullstack-Testing-Ansatzes bieten sich den Testteams heutzutage eine nahezu unbegrenzte Option an Testmöglichkeiten. Entscheidend scheint aus meiner Sicht zu sein, beide Ansätze parallel zu fahren, um die Auswahl an Optionen dadurch zu vervielfachen, statt sich bei der Wahl eines Verfahrens zu sehr einzuschränken. Hier liegt gerade bei serverseitigem Testing die Gefahr, abermals in Ressourcenknappheit und fehlender Agilität bei der Testentwicklung zu verfallen, zumal eine Outsourcing-möglichkeit der Testerstellung sehr schwierig ist.

Es gibt noch eine weitere, jedoch in der Praxis wenig verbreitete Aussteuerungsvariante, nämlich die **Aussteuerung über Proxyserver,** die zwischen den eigentlichen Servern des Unternehmens und dem Client des Nutzers durch die A/B-Testing-Lösung geschaltet werden. Dies führt theoretisch auch zu einer Kombination beider Vorteile, bietet aber den möglichen Nachteil langer Ladezeiten und die Gefahr eines Systemausfalls.

Zudem lassen sich Tests auch durch **Split-Skripte** aussteuern, die quasi den Besucher auf andere veränderte Seiten umleiten. Diese Seiten liegen ebenfalls auf den Servern des Unternehmens.

9.2   Künstliche Intelligenz im A/B-Testing

Unter künstlicher Intelligenz versteht man ein Teilgebiet der Informatik, das sich mit der Automatisierung intelligenten Verhaltens und dem maschinellen Lernen befasst. Wie ließe sich diese künstliche Intelligenz nun im A/B-Testing einsetzen? Aus meiner Sicht sind wir erst am Anfang des Einsatzes dieses Themas im Testing. Konkret wird künstliche Intelligenz momentan vor allem zum Bilden sogenannter Scorings eingesetzt, beispielsweise, um die Zugehörigkeit zu einer bestimmten Gruppe von Nutzern vorherzusagen. So kann man darüber eine Wahrscheinlichkeit berechnen, mit der ein Nutzer ein Ziel erreichen wird, also zum Beispiel bestellen wird. Nun kann man entscheiden, ob man A/B-Tests zukünftig auf Zielgruppen aussteuern möchte, die eine sehr hohe oder niedrige

Conversion-Wahrscheinlichkeit mit sich bringen. Dieses auch **„predictive Targeting"** genannte Verfahren bietet einen der ersten Ansätze, künstliche Intelligenz im Rahmen von A/B-Tests zu nutzen. Dieser Ansatz stellt einen der bislang üblichsten Einsatzzwecke von künstlicher Intelligenz oder besser gesagt maschinellem Lernens zur Vorhersage von Zielgruppenzugehörigkeiten dar. Diese Methodik wird die Zielgruppenplanung zukünftiger A/B-Tests stark verändern, da das prädiktive Kriterium, nämlich die unmittelbare Verhaltensrelevanz, für den Nutzer darstellt. Daher werden zukünftige A/B-Tests aus Sicht des Autors sehr stark Gebrauch von dieser neuen Form von Segmentierung machen. In solchen Fällen spricht man auch von schwacher künstlicher Intelligenz, die nur auf einen vorgegebenen Problemlösungszweck ausgerichtet ist (Moeser, 2019).

Der Einsatz von künstlicher Intelligenz im Targeting von A/B-Tests greift aus meiner Sicht aber noch zu kurz. Viel mehr Wirkung könnte künstliche Intelligenz im Bereich der **automatischen Analyse von A/B-Testergebnissen** spielen. In diesem Fall entdeckt die KI eigenständig Segmente von Nutzern, die eine bessere Performance bei Version A oder B gezeigt haben. Dadurch lassen sich diese separiert und dauerhaft mit der für diese Zielgruppe besser passende Variante ansteuern (Covalucci, 2020). Dies wird in ersten Testprojekten von Toolanbietern bereits evaluiert und in Betaversionen an Nutzern getestet. Ein weitaus größerer Anwendungsbereich dürfte sich jedoch erschließen, sobald künstliche Intelligenz auch die **automatisierte Aufstellung von Hypothesen und die Kreation von Varianten** übernimmt. Erste Ansätze dazu gibt es ebenfalls von Anbietern, die zum Beispiel Varianten im Rahmen multivariater Tests über künstliche Intelligenz generieren lassen und eine optimierte und zeitschonende Aussteuerung mit Hilfe von Algorithmen vornehmen. Jedoch dürfte dies nur der Vorgeschmack darauf sein, was möglich ist, sobald künstliche Intelligenz auch die kreativen Prozesse des Conversion-Optimierers bzw. A/B-Testers übernimmt und aktiv sozusagen die Manipulation von Nutzern vornimmt. Dies könnte ein spannender, aus ethischer Sicht jedoch auch erschreckender Einsatz von künstlicher Intelligenz in diesem Rahmen sein. Es wirkt bislang zum Teil noch nach Aufbauarbeit, die momentan im Bereich der Einbeziehung von künstlicher Intelligenz in A/B-Tests stattfindet. Dass sich dies jedoch auch schnell ändern kann, haben ganz andere Branchen bewiesen, bei denen zunächst die Implementierung von künstlicher Intelligenz schleppend verlief, diese aber nun zu deren Alltag gehört.

Bleibt zum Schluss aber noch die Frage, ob Maschinen in Zukunft nicht so intelligent werden, dass sie keine A/B-Tests mehr durchführen müssen, da sie das Verhalten und die Bedürfnisse der User so präzise vorhersagen können, dass sie automatisch wissen, wie welche Variante performen wird – noch bevor ein A/B-Test eingerichtet wurde. Inwieweit dies schon bald Realität wird, wird sich zeigen. Noch jedoch erleben wir, dass künstliche Intelligenz A/B-Testing-Teams effizienter und noch agiler machen kann, sie aber noch nicht ersetzt. Der größte Hebel für eine erfolgreiche Testing-Kultur bleibt also immer noch die menschliche Intelligenz, die über A/B-Tests konkrete Lösungsansätze für Userprobleme identifiziert und die optimale Lösung iterativ findet.

9.3   Tracking und Consent-Management

Das Thema Datenschutz ist ein weiterer wichtiger Trend, der sich auf A/B-Tests aktuell schon auswirkt und zukünftig seinen Einfluss weiter ausüben wird. A/B-Tests basieren in der Regel auf personenbezogenen Daten, auch wenn das im schlimmsten Fall nur ein Pseudonym in einem Cookie ist, und fallen somit unter die gängige Datenschutzverordnung (DSGVO). Dies bedeutet, dass ohne die ausdrückliche Einwilligung des Nutzers in der Regel kein Einschluss in Tests mehr möglich sein wird und der User eine allzeitige Opt-out-Möglichkeit bekommen muss. Dies führt dazu, dass zukünftig die Menge der zu testenden User reduziert wird, da nur noch User einbezogen werden dürfen, die dem zugestimmt haben. Darüber hinaus entsteht aber auch eine natürliche Verzerrung jedes Experiments, da immer der Filter „Einwilligung erteilt" gesetzt sein muss. Möchten Sie zukünftig Aussagen zu Ihrer Grundgesamtheit treffen, liegt bei jedem A/B-Test also erst einmal die Hypothese vor, dass User, die ihr Opt-in erteilen, diese Grundgesamtheit abbilden und sich nicht signifikant von den Usern unterscheiden, die kein Opt-in erteilen. Vereinfacht ausgedrückt, wird die Aussagekraft Ihrer A/B-Tests also davon abhängen, ob sich wirklich alle Nutzer der Webseite, App etc. so verhalten werden, wie die User, mit denen Sie den A/B-Test durchgeführt haben. Ob das wirklich so ist, müsste eigentlich das Ergebnis eines Tests sein, scheitert aber daran, dass sie eben diesen Test natürlich nicht ohne Einwilligung an die Zielgruppe aussteuern dürfen. Es wird spannend zu sehen sein, wie diese Herausforderung zukünftig gelöst werden wird.

Fazit

Obwohl es bereits seit über 25 Jahren A/B-Tests gibt, lässt sich dennoch eine permanente Innovationsrate in diesem Bereich feststellen. Die drei großen Trends: Fullstack-Testing, künstliche Intelligenz und Datenschutz stellen für Sie und Ihr Unternehmen große Chancen, aber auch große Risiken dar. Chancen, da zukünftig deutlich mehr Optionen für genaueres Targeting und bessere und schnellere Testaussteuerung bestehen. Risiken, da die Komplexität, aber auch Granularität des Themas stark zunehmen wird. Wir leben in einer Zeit der Widersprüche, bei denen die theoretischen Möglichkeiten diametral zu den neuerlichen Einschränkungen und Hindernissen wachsen. Als Berufsoptimist freue ich mich auf die Innovationen der Branche und denke, dass clevere Algorithmen und bessere serverseitige Möglichkeiten die möglichen Restriktionen des Datenschutzes kompensieren werden. Ist es nicht auch eine vielversprechende Vorstellung, eine bessere Aussteuerung von Kampagnen trotz größerer Anonymität in Zukunft bewerkstelligen zu können? Ich denke, wir werden im Spannungsfeld dieser drei Trends noch viele echte Innovationen erleben dürfen. Ich freue mich auf diese Zukunft mit Ihnen.

Ihr Transfer in die Praxis

- Diskutieren Sie mit Ihrer Technik, welches Verfahren – serverseitige Tests, clientseitige Test, Fullstack-Tests oder hybride Tests – für Ihre Testroadmap ideal ist.
- Testen Sie den Einsatz von künstlicher Intelligenz, um mehr über Ihre Zielgruppen zu erfahren.
- Diskutieren Sie mit Ihren Datenschützern, welche Art der Opt-in-Generierung bei Ihnen möglich ist, und versuchen Sie, diese Texte für eine hohe Opt-in-Quote zu optimieren.

Literatur

Aderinokun, I. (2018). What, exactly, is the DOM? Bitsofcode. https://bitsofco.de/what-exactly-is-the-dom/. Zugegriffen: 26. Mai 2021.

Birkett, A. (2020). Client-side vs. server-side A/B testing tools: What's the difference? CXL. https://cxl.com/blog/server-side-vs-client-side-ab-testing-tools-whats-the-difference/. Zugegriffen: 26. Mai 2021.

Covalucci, V. (2020). A/B testing – What role does it play in the era of machine learning? Medium. https://medium.com/capital-one-tech/the-role-of-a-b-testing-in-the-machine-learning-future-3d2ba035daeb. Zugegriffen: 26. Mai 2021.

Moeser, J. (2019). Starke KI, schwache KI – was kann künstliche Intelligenz? JAAI. de. https://jaai.de/starke-ki-schwache-ki-was-kann-kuenstliche-intelligenz-261/. Zugegriffen: 26. Mai 2021.

10

Zehn häufige Fehler bei A/B-Tests

Zusammenfassung Die angenehmsten Fehler sind die, die man nicht selbst machen muss. In diesem Kapitel möchte ich Ihnen zehn gängige Fehler aufzeigen, die in der Praxis beim Thema A/B-Tests gemacht werden, und Ihnen Empfehlungen geben, wie Sie diese vermeiden können. Da die Fehler auf den bisher behandelten Inhalten dieses Buches basieren, hilft es Ihnen auch noch einmal, das bisher Gelernte zu wiederholen und zu vertiefen.

Was Sie aus diesem Kapitel mitnehmen

- Sie wiederholen das bisher Gelernte anhand von typischen Praxisproblemen.
- Was sind die häufigsten Ursachen für ein schlechtes Testing?
- Sie lernen, wie Sie typische Fettnäpfchen beim A/B-Testen vermeiden können.

© Der/die Autor(en), exklusiv lizenziert durch Springer Fachmedien Wiesbaden GmbH, ein Teil von Springer Nature 2021
M. Witzenleiter, *Quick Guide A/B Testing*, Quick Guide,
https://doi.org/10.1007/978-3-658-34649-2_10

10.1 Fehler Nr. 1: Sie überlassen die Testroadmap Ihrem HIPPO

Sie haben aus den vorhergehenden Lektionen gelernt, dass A/B-Tests in der Regel das Bauchgefühl oder die Meinung Ihres Vorgesetzten (**H**ighest **P**aid **P**erson's **O**pinion) außen vor lassen sollten und eher eine Demokratisierung des Testing-Prozesses stattfinden sollte, beziehungsweise ohnehin nur die erzielten Ergebnisse eines Tests in Ihrer Zielgruppe als Grundlage zur Implementierung von Veränderungen auf Ihren Webseiten oder digitalen Angeboten genutzt werden sollten. Dennoch kommt es in der Praxis sehr häufig vor, dass das Subjektivitätsprinzip über Umwege doch wieder Ihr Handeln bestimmt, wenn nur eine bestimmte Gruppe von Leuten Ideen in Ihre Testing-Roadmap einkippen darf oder die Priorisierung von einer Person vorgenommen wird. Diese unbewussten Verzerrungen sabotieren Ihre demokratischen Optimierungsansätze und sorgen dafür, dass am Ende des Tages wieder ein Bauchgefühl über Ihren Unternehmenserfolg entscheiden kann.

Selbstverständlich ist ein Management-Buy-in bei Ihrer Testing-Strategie eine wichtige Voraussetzung. Doch heißt dies nicht zwangsläufig, dass Ihr Vorgesetzter oder einige wenige Personen im Team Sonderrechte haben. Sammeln Sie daher Testideen gemeinsam, erstellen und diskutieren Sie Hypothesen in der Gruppe und bewerten Sie diese als Team anhand transparenter und objektiver Kriterien wie dem PIE-Modell, das Sie in diesem Buch bereits kennengelernt haben. Legen Sie Ihrem Vorgesetzten die bereits priorisierte Testing-Roadmap vor und erläutern Sie ihm, wie es dazu kam und wie die Priorisierung anhand welcher Kriterien stattgefunden hat. So fühlt sich das Management involviert, wird aber eher seltener ein Veto einlegen, wenn das Gefühl vorherrscht, damit eine Teamleistung und keine Einzelleistung zu torpedieren.

10.2   Fehler Nr. 2: Sie testen Dinge, die Sie nicht testen müssten

Sie kennen das sicherlich aus Ihren Kindertagen, Sie haben eben Ihr Taschengeld erhalten und dürfen sich nun im Süßwarenladen Ihrer Wahl frei austoben, soweit es das Budget hergibt. Euphorisch werden Sie die Auswahl treffen, um dann später festzustellen, dass Sie in dem Moment, wo sie die neuen Süßigkeiten, die Sie schon immer kaufen wollten, in den Einkaufskorb legen wollten, kein Budget mehr haben, da Sie es bereits für andere weniger bedeutsame Süßigkeiten ausgegeben haben. Dieses Problem kann und wird Ihnen im Laufe des A/B-Testings auch passieren. Nur dass Ihr endliches Budget, dort die Größe Ihrer Stichprobe, folglich die Anzahl der Nutzer in Ihren Tests ist. Gehen Sie daher weise und sparsam mit Ihren Tests um. Testen Sie nichts, das keine deutliche Auswirkung auf Ihre Hauptkennzahlen haben dürfte, und vermeiden Sie es auch, zu viele vermeintliche Best Practices zu vertesten. Durch meine Arbeit aufseiten eines Toolanbieters weiß ich, wie sehr sich Kunden und Interessenten nach praktischen Use Cases und Zahlen, Daten und Fakten von Best-Practice-Cases sehnen. „Unglaublich, wie viel Uplift mit einem roten statt einem grünen Bestellbutton möglich ist". Doch diese Best Practices verkürzen Sachverhalte aus meiner Sicht in der Regel viel zu sehr. Keine Webseite, kein digitales Produkt etc. ist direkt mit Ihrem Angebot vergleichbar. Selbst wenn ein Konkurrent x Prozent mehr Uplift mit solch einer Variante geschafft hat, ist diese Information nichts Weiteres als eine Gedankenstütze oder kleine Inspirationsquelle für Sie (Kleinknecht, 2021). Da vermutlich weder das gesamte Sortiment noch die Zielgruppen des vermeintlichen Best Practices mit Ihnen so übereinstimmen, dass ein exakt gleiches Ergebnis zu erwarten ist. Versuchen Sie daher nicht, Ihre Roadmap nur mit diesen vermeintlich am Markt bereits bestätigten Testansätzen zu füllen. Ihre Teststrategie sollte exakt auf Ihre Ziele, Zielgruppen und Prozesse ausgerichtet sein. Ist das bei einem Use-Case-Beispiel der Fall, werden Sie diesen prüfen, validieren und als Hypothese in die Roadmap aufnehmen und priorisieren. Wenn nicht, betrachten Sie es als interessante Lektüre und konzentrieren Sie sich auf Ihre eigene Testideengenerierung. Ein weiteres Feld, in dem Sie sich verlaufen können, ist das Testen von offensichtlichen User-Experience-Optimierungen oder das Lösen von Logiklöchern oder Usability-Problemen. Hat eine Funktionalität die User Ihres Angebots verwirrt oder absichtlich in die Irre geführt, kann es zwar für Sie interessant sein, nun herauszufinden, wie viel besser die nun veränderte Variante ist. Lohnt es sich dafür nun aber, erneut mögliches Steigerungspotenzial erst einmal nicht anzugehen, um sich später dafür auf die Schulter klopfen zu können? Sicherlich nicht, oder? Daher gilt: Testen Sie nur das, was wirklich unklar ist und einen Test erfordert. Bei offensichtlichen Fehlern, deren Abstellen eine Steigerung mit sich bringen muss, implementieren Sie direkt und führen keinen Test durch. Sie wollen schließlich bei Ihrem Auto auch nicht herausfinden, ob es sich mit oder ohne Reifen besser fährt, oder?

10.3 Fehler Nr. 3: Sie ignorieren kleine Erfolge

A/B-Tests sind wie Gold schürfen. Wenn Sie eine neue Goldader erschließen, werden Sie relativ viel Gold in kürzester Zeit finden und sogar das eine oder andere Korn liegenlassen, um zunächst einmal nur die dicken Klumpen zu heben. Im Laufe der Zeit werden Sie jedoch auch des Öfteren gar kein Gold mehr finden und unter Umständen froh sein über jedes kleinste Krümelchen, das Sie noch heben können. Ähnlich verhält es sich auch bei Ihren Tests. Sie wissen nicht, ob Sie bei einem A/B-Test auf eine Goldader stoßen oder nicht. Daher werden Sie zwangsläufig dazu gezwungen sein, auch kleine Erfolge als das zu betrachten, was sie sind, nämlich der Weg hin zu einer optimierten Version Ihres jetzigen Angebots. Hierzu sollten Sie den Zinseszinseffekt nicht außer Acht lassen. Nehmen wir einmal an, Sie schaffen es, mit Ihren Tests jeden Monat eine Steigerungsrate von 5 % zu erzielen. Dann bedeutet dies, dass Sie innerhalb von 12 Monaten ganze 80 % Gesamtsteigerungsrate schaffen würden (Witzenleiter, 2020). Nicht schlecht für eine Vielzahl von kleinen und steigerungsarmen Test, oder? Was ich Ihnen damit sagen möchte ist: Lernen Sie auch kleine

Uplifts zu schätzen. Auch sie sorgen dafür, dass Sie am Ende eine große Steigerung Ihrer jetzigen Performance schaffen, und sei es aufgrund des Zinseszinseffekts, mit dem Sie diesen Mehrertrag schon jetzt und dann bereits für die kommenden Monate und Jahre abschöpfen können.

10.4 Fehler Nr. 4: Sie testen die falschen Seiten

Behalten Sie bei der Wahl Ihrer Tests unbedingt den Conversion-Funnel im Auge. Sofern die zu testende Seite in dieser Customer Journey keine entscheidende Rolle spielt, sollten Sie dort auch keinen Test durchführen. Sie vergeuden im Zweifel nur Zeit und Ressourcen, die Sie nicht für Tests einsetzen können, die einen direkten Einfluss auf Ihre KPI haben werden. Fokussieren Sie sich auf Tests an Stellen, die elementar sind, und verbeißen Sie sich lieber an diesen, als zu sehr zu springen. Oftmals führt der Weg zum Erfolg über eine Vielzahl großer und kleiner Tests. Versuchen Sie, diese Power auf die Bereiche zu bündeln, die für Ihre Nutzer die entscheidendsten sind. Sie werden damit in Form von Testserien zum bestmöglichen Ergebnis kommen.

10.5 Fehler Nr. 5: Ihre Hypothese ist falsch aufgestellt oder Sie haben gar keine

Ein elementarer Bestandteil Ihres Erfolgs im Thema A/B-Testing ist die von Ihnen aufgestellte Hypothese (Mueller 2018). Immer noch gibt es eine Vielzahl von Tests, die komplett ohne eine Hypothese erstellt und gestartet werden. Das ist in etwa so zielführend wie die private Altersvorsorge damit sichern zu wollen, dass man jede Woche Lotto spielt. Laotse sagte einst: Nur wer sein Ziel kennt, findet den Weg. So verhält es sich auch beim A/B-Testing. Eine gut aufgestellte Hypothese ist die Landkarte, die Sie zu Ihrem Erfolgsziel führt. Wie man diese formuliert, haben Sie bereits in Kap. 2: Implementierung von A/B-Tests kennengelernt (vgl. Kap. 2). Beachten Sie, dass Sie alle Elemente für eine gültige Hypothese benötigen: Beobachtung der Daten,

Spekulationen über die Gründe, Aufstellung einer Theorie, wie man das Problem beheben kann, und Messwerte der Ergebnisse nach der Implementierung (Hall, 2020).

Folgende Faustformel hilft Ihnen bei der Formulierung Ihrer Hypothese: *Indem ich diese Veränderung vornehme, wird (KPI A/B/ähnliche zentrale Messgröße)* (leicht/bemerkbar/erheblich)* verbessert, weil... (hier Ihre Daten/Theorie einfügen).*

*Unzutreffendes streichen!

10.6 Fehler Nr. 6: Sie starten mit zu komplizierten Tests

Ein Erfolgsfaktor für eine Testing-Kultur ist auch die Schlagzahl, mit der sie wächst. Das bedeutet, dass gerade zu Beginn einer Testing-Strategie Quantität auch einmal vor Qualität kommen darf. Gerade wenn Sie mit dem Thema Testing starten, möchten Sie natürlich mit einem Erfolgserlebnis anfangen. Das führt jedoch häufig dazu, dass Sie zu Beginn immer gleich das Mammut erlegen möchten, statt grundsätzlich einmal für eine ausreichende Menge an Nahrung zu sorgen. Wenn Sie zu komplizierte Tests durchführen, wetten Sie auf zu wenige Experimente und werden den Erfolg Ihrer Testing-Strategie daher nur von einer Handvoll Tests abhängig machen. Dadurch erhöhen Sie auch das Risiko des Themas insgesamt in Ihrer Organisation. Komplizierte Tests fordern daher nicht nur sehr viel Ressourcen, sie bergen immer auch ein Potenzial des Scheiterns. Mir sind viele Unternehmen bekannt, die durch zu komplizierte Tests zu Beginn den Erfolg des Themas in der Organisation belastet haben und Unternehmen, die genau aus diesem Grund nicht mehr A/B-Tests durchführen, mit der Begründung, dass diese zu teuer sind und nichts bringen. Setzen Sie daher lieber auf den Erfolg von iterativem Testing, bei dem Sie erst einmal peu à peu Erfolge sammeln, die Ihnen die Ruhe und Gelassenheit bringen, sich sukzessive an die großen Projekte zu wagen. Damit dürften Sie in der Praxis deutlich erfolgreicher sein, als wenn Sie alles auf eine oder wenige Karten setzen.

10.7   Fehler Nr. 7: Sie testen zu viel parallel

Wie Sie bereits gelernt haben, erfordern A/B-Tests eine sinnvolle Einteilung der Nutzergruppen. Ein Ansatz, der daher logisch erscheint, ist zum Beispiel, parallele Tests durchzuführen. Das bedeutet, dass Sie beispielsweise einen Test auf der Startseite durchführen und parallel einen im Check-out-Prozess. Diese Aufteilung und Parallelisierung scheint zunächst logisch, hat aber einen gravierenden Nachteil: Ihr Check-out-Test wird extrem lange laufen müssen, wenn Sie wollen, dass er ein verwertbares Ergebnis liefert. Der Grund ist recht simpel (siehe Abb. 10.1). Nehmen wir einmal an, Ihre Startseite hat im Monat 100.000 Besucher. Sie führen einen A/B-Test (Test 1) auf der Startseite mit 2 Varianten durch. Bei einer kompletten Aufteilung des Traffics bekommt nun Variante A (die Referenzversion) 50.000 Besucher und Variante B ebenfalls 50.000 Besucher. Nun haben Sie zur Aussteuerung des Tests im Check-out-Prozess mehrere Möglichkeiten. Möglichkeit 1: Sie begrenzen die Menge des Traffics in Test 1 und testen mit den ausgeschlossenen Besuchern nur Test 2. Da der Check-out-Prozess sowieso weniger Besucher als die Startseite bekommt, wird dieser Test nun eine sehr, sehr lange Laufzeit haben. Nehmen wir einmal an, dass 10 % der Besucher der Startseite später im Check-out-Prozess landen. Dann sind das in einem testfreien Monat 10.000 Besucher. Wenn wir nun 50 % der Besucher der Startseite in Test 1 vorsehen und die anderen 50 % der Besucher nicht in den Test einschließen, dann bleiben noch ca. 5000 Einstiege pro Monat bei diesen Besuchern übrig, die Sie nun für einen A/B-Test nutzen können.

Dadurch hätten Sie zwar sichergestellt, dass die beiden Tests sich nicht bedingen, allerdings wird der Test nun mehrere Monate laufen müssen, da die Stichprobe extrem klein wurde. Eine Alternative dazu wäre, die beiden Tests miteinander zu kombinieren. Das heißt, dass 50 % der Nutzer die Referenz von Test 1 und Test 2 sehen. Sprich, wie in Abb. 10.1 dargestellt, Version A und C sehen. Die andere Hälfte sieht dann nur die Varianten, sprich also Version B und D. Damit hätten Sie zwar mehr Traffic für beide Tests übrig, aber streng genommen nur einen Test gebaut, da Sie so nur herausfinden, ob die Gesamtvariante besser als das Original ist. Sie finden aber nicht heraus,

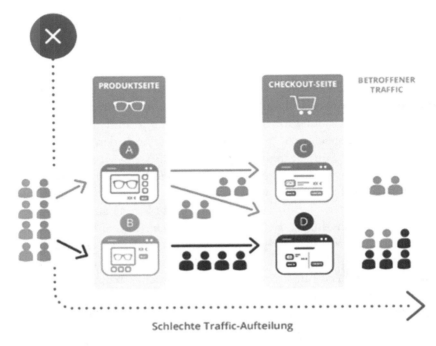

Abb. 10.1 Falsche Trafficverteilung. (Quelle: Eigene Darstellung)

ob beispielsweise die Kombination aus der Referenz A und Version D insgesamt mehr Bestellungen generiert. Eine weitere Variante der Problemlösung wäre es, Test 1 unabhängig von Test 2 aufzusetzen. Dies würde dann bedeuten, dass die Nutzer sowohl auf der Startseite wie auch im Check-out per Zufallsprinzip einer der beiden Versionen zugewiesen werden. Dies klingt zunächst als die bessere Variante dieses kombinierten Tests, hat aber durchaus seine Fallstricke. Denn es ist nicht sichergestellt, dass in Variante C und D jeweils hälftig Besucher aus Variante A und B verteilt sind. Ist dies nicht der Fall, ist der Test dadurch schon verzerrt. Die ideale Lösung des angesprochenen Problems ist daher entweder sequenziell, also nacheinander Test 1 und Test 2 durchzuführen, oder aber das Targeting bei Test 2 so einzustellen, dass beide Varianten eine 50:50-Verteilung der Besucher aus Test 1 beinhalten. Die lässt sich über ein cookiebasiertes Targeting steuern, bei dem die Zugehörigkeit zu einer Variante im Cookie vermerkt und das Test-Targeting darauf ausgerichtet wird.

10.8 Fehler Nr. 8: Sie testen die falschen Ziele

Sie haben über das Aufstellen von Testhypothesen gelernt, dass diese ein messbares Ziel beinhalten sollen, das durch Ihren Test beeinflusst werden wird. Das bedeutet, Sie vermuten eine Auswirkung Ihrer Variante auf dieses Ziel. Nun ist es jedoch so, dass, je weiter Sie in der Customer Journey von diesem Ziel und seiner Erreichung entfernt sind, desto höher ist die Wahrscheinlichkeit, dass Ihr Test keine oder nur geringe Auswirkungen auf das Ziel haben wird. Das bedeutet, dass Sie unter Umständen dementsprechend sehr lange Zeit auf ein Ergebnis warten müssen, wenn Sie Ihren Test nur auf dieses Ziel oder diese Ziele fokussiert haben. Bedeutend besser ist es daher, Ihre Tests wie gelernt in Mikro-Conversions (Einzelziele anhand der Customer Journey) und Makro-Conversions (Hauptmetriken wie Bestellung, Umsatz etc.) aufzuteilen und immer beide Metriken in den Tests zu verwenden. So behalten Sie zwar das Hauptziel im Blick, erhalten aber auch für diese Nebenziele auswertbare Erkenntnisse, die Sie bei Ihrer Optimierungsstrategie unterstützen.

10.9 Fehler Nr. 9: Sie wählen das falsche Timing für Ihre A/B-Tests

Meine Großmutter pflegte zu sagen: Alles zu seiner Zeit. Dies gilt im Übrigen auch für Ihre A/B-Tests. Auf das richtige Timing kommt es hier an, damit Sie Ihre Tests nicht zu früh stoppen (auch wenn Kollegen und Vorgesetzte drängeln), diese aber auch nicht zu lange laufen lassen (weil Sie noch auf ein passendes Ergebnis warten). Ein zu früh gestoppter Test sorgt dafür, dass Sie unter Umständen mit falschen Ergebnissen oder fehlender Evidenz Dinge umsetzen, die Ihnen im Zweifel eher schaden als eine Verbesserung bringen. Lassen Sie den Test andererseits zu lange laufen, riskieren Sie, dass Sie auf einen Uplift wetten, der nie eintritt, oder dass Sie dadurch viele andere positive Tests verpassen, die Sie hätten in der Zeit umsetzen können. Bedenken Sie auch die angesprochene 7-Tage-Regel: Ihre Testdauer sollte immer durch 7, besser noch 14 teilbar sein, damit Sie alle Wochentage gleich verteilt im Testzeitraum verwendet haben, um tagesbedingte Verzerrungen ausschließen zu können. Ein ähnliches Problem wie die Frage des Startens und Stoppens von A/B-Tests kann auch die Frage der Pausierung sein. A/B-Tests sind am Ende des Tages Operationen am offenen Herzen Ihrer Webseite. Dadurch, dass Sie im Livesystem testen, kann es immer mal wieder zu Problemen kommen, die ein Pausieren von A/B-Tests notwendig machen. Beispielsweise weil es ein technisches Release auf Ihrer Webseite gibt und Sie die Auswirkungen auf Ihre A/B-Tests erst einmal ausführlich durchtesten möchten (im Sinne einer QA zu verstehen), bevor Sie den Test wieder auf der Seite live nehmen. Zudem stehen A/B-Tests häufig seitens Ihrer Technik im Verdacht, Probleme auf der Seite zu bereiten. Das heißt, sobald ein Fehler auf der Seite auftritt, kann es daher vonnöten sein, den aktuellen Test zu pausieren, um zu prüfen, ob der Test wirklich die Fehlerquelle ist. Wie also mit solchen Unterbrechungen Ihres Tests umgehen? Wenn Sie nur unter idealen Laborbedingungen testen möchten und die entsprechende Trafficmenge haben, werden Sie wohl nun den Test in dem Fall aufgrund der Dateninkonsistenz komplett stoppen, neu aufsetzen und starten. Dies dürfte Ihnen jedoch nur bei einem strengsten wissenschaftlichen Ansatz in Ihrer Organisation und entsprechender Unterstützung aller Entscheider gelingen. In der Praxis werden Sie wohl eher dazu übergehen, mit einer gewissen Dateninkonsistenz zu leben, oder den Test im Zweifel, und wenn Sie es sich erlauben können, ein bisschen länger laufen zu lassen (idealerweise: die 7-Tage-Regel beachten). Für welche der Optionen Sie sich entscheiden, bleibt Ihnen überlassen.

10.10 Fehler Nr. 10: Sie testen nicht permanent

Sie haben in diesem Buch gelernt, welchen Nutzen Ihnen eine umfassende Testing-Kultur bietet und konnten sich von Unternehmen wie Booking.com und IBM abkucken, wie Erfolg häufig das Ergebnis von Tausenden Tests ist. Wenn Sie diese Einstellung teilen, sind Sie damit weiter als der Großteil der A/B-testenden Unternehmen. Denn eine Schlagzahl wie sie die beiden genannten Großunternehmen an den Tag legen, ist im Markt eher die Seltenheit. Dies liegt nicht zwangsläufig daran, dass es an der nötigen Besuchermenge oder an Optimierungspotenzialen mangelt, sondern vielmehr daran, dass viele Unternehmen A/B-Tests nur als punktuelle Maßnahme bei Relaunches oder Starts von neuen Projekten ansehen und daher eher temporär testen. Auch wenn es positiv ist, überhaupt Userfeedback bei großen Unternehmensveränderungen einzuholen, ist dies meist zu kurz gegriffen. Eine sinnvolle Testing-Kultur ist nun mal kein Stop-and-go, sondern ein fortlaufender Optimierungszyklus ohne klares Enddatum. Wer möchte schon einen Kanal abschalten, der nachweisbar Erfolge liefern kann? Der Weg zum Erfolg führt daher nur über eine Vielzahl von Iterationen. Also verkürzt: Testen, testen, testen …

Fazit

Sie haben nun die wichtigsten Fehler in A/B-Tests kennengelernt, die Sie hoffentlich zukünftig umschiffen können. A/B-Tests sind ein komplexes Unterfangen, bei dem durchaus Fehler passieren können und werden. Sich der häufigsten Probleme bewusst zu werden, hilft, diese schon einmal proaktiv im Team zu besprechen und für sein Unternehmen Mechanismen zu schaffen, die das Auftreten verhindern sollen. Dabei sollen mögliche Fehler selbstverständlich nicht davon abhalten, überhaupt zu testen, denn viel schlimmer als den einen oder anderen Fehler bei seinen A/B-Tests zu machen, ist immer noch, überhaupt keine Tests durchzuführen. Lassen Sie sich also nicht entmutigen und begeben Sie sich auf die Reise zum Thema A/B-Testing. Ich kann aus eigener Erfahrung sprechen, dass sich diese Reise auf jeden Fall für Sie lohnen wird.

Ihr Transfer in die Praxis

- Der größte Fehler ist, gar nicht zu testen.
- Seien Sie sich möglicher Fallstricke bewusst und berücksichtigen Sie mögliche Fehlerquellen gleich bei Ihrer Testroadmap.
- Eine gute Planung und Geduld bei Ihren Tests ist die halbe Miete für eine erfolgreiche Testing-Strategie.

Literatur

Hall, S. H. (2020). 13 dumb A/B testing mistakes that are wasting your time. OptinMonster. https://optinmonster.com/dumb-ab-testing-mistakes-that-are-wasting-your-time/. Zugegriffen: 26. Mai 2021.

Kleinknecht, J. (2021). Tun Sie es nicht: 11 Fehler bei A/B Tests! ConversionBoosting. https://conversionboosting.com/article/tun-sie-es-nicht-11-fehler-bei-ab-tests_11008/. Zugegriffen: 26. Mai 2021.

Mueller. (2018). A/B-Testing: Typische Fehler, die Sie vermeiden sollten. Lombego Systems Blog. https://blog.lombego.de/ab-testing-typische-fehler/. Zugegriffen: 26. Mai 2021.

Witzenleiter, M. (2020). A/B-Testing: 7 häufige Fehler – so vermeidest du sie. t3n Magazin. https://t3n.de/news/ab-testing-7-haeufige-fehler-1094066/. Zugegriffen: 26. Mai 2021.

11

Fazit

Ich hoffe, Ihnen innerhalb der hinter uns liegenden elf Kapitel einen guten Gesamtüberblick über das Thema A/B-Testing und seine umfassenden Aspekte habe geben können. Ich wette, Ihnen war vorher nicht bewusst, wie viele Aspekte das Thema haben kann, und hoffe, Ihnen den einen oder anderen interessanten Einblick in das tägliche Leben eines A/B-Testers gegeben zu haben.

Sie haben auf dieser Reise gelernt, wie wichtig A/B-Tests für Ihre Unternehmensstrategie sein können, wie man diese in Prozessen richtig implementiert und priorisiert sowie welche Fallstricke auf Sie warten werden. Sie kennen sich nun mit psychologischen Prinzipien und Ansätzen der Verhaltensökonomie aus und wissen, wie man Tests statistisch auswerten kann. Sie wissen vermutlich, welche Gesichtspunkte Sie am Testing lieben und welche Sie im Zweifel lieber Ihre Kollegen machen lassen oder welche sie outsourcen. Sie kennen sich mit den gängigen technischen Grundlagen des Testings aus und wissen, welche Trends die Branche gerade umtreiben. Ich hoffe, Ihre Leidenschaft oder zumindest Ihre Neugierde für das Thema geweckt zu haben. Doch bevor ich Sie mit all dem Wissen und den Fähigkeiten in die große, weite Testing-Welt entlasse und Sie in Ihren persönlichen

M. Witzenleiter, *Quick Guide A/B Testing*, Quick Guide, https://doi.org/10.1007/978-3-658-34649-2_11

Testzyklus abtauchen, möchte ich mit Ihnen noch über ein Thema sprechen, das bislang zu kurz kam, aber mir persönlich sehr wichtig ist: das Thema Ethik.

Mit A/B-Testing haben Sie ein Werkzeug zur Hand, das Ihre und die Welt Ihrer Mitmenschen verändern kann. Sie können als versierte(r) Tester(in) Menschen im positiven wie auch im negativen Sinne „manipulieren" so wie sie über einen clientseitigen Test auch den Code von Webseiten manipulieren können. Wir haben bislang vor allem über die positiven Auswirkungen dieser Manipulation für Sie und Ihre Kunden gesprochen. Jedoch ist es nicht von der Hand zu weisen, dass es auch negative Auswirkungen von A/B-Tests geben kann. Dazu möchte ich Ihnen gern zwei bekannte und auch in den klassischen Medien publizierte Beispiele nennen:

a) **Gefühlschaos mit Facebook:** Im Jahr 2012 führte Facebook ein Experiment mit knapp 700.000 Usern durch, das die Auswirkung von stark emotionalen Nachrichten im Nachrichtenstream der User auf deren eigene Posts untersuchen sollte. Damit konnte herausgefunden werden, dass Nutzer durch positive oder negative Posts selbst eine positive oder negative Stimmung entwickeln und eigene Posts auf Basis der vermittelten Gefühlslage erstellen (Kramer, 2014). Wenn man so will, spielte Facebook damit mit den Gefühlen Hunderttausender Nutzer. Deren psychische Auswirkungen können bis heute – bedingt durch mangelnde Kenntnis von Einzelschicksalen – nicht geklärt werden.

b) **Fundraising mit Donald Trump:** Mit einem Kapitel aus der amerikanischen Politik habe ich dieses Buch begonnen, mit einem anderen möchte ich es schließen. Diesmal geht es um die Spendenkampagne von Donald Trump aus dem Jahr 2020. Hierbei wurden an seinen Supportern durchaus dubiose Abonnement-Generierungsmethoden für Spenden getestet. Diese hatten statt einer einmaligen Spende von kleineren Beträgen wöchentliche Spenden mit dynamischer Steigerung der Höhe des Spendenbetrags beauftragt. Die meisten davon durchaus unwillentlich. Auch hier wurde über A/B-Tests auf der Webseite optimiert und bei den Spendenprozessen manipuliert (Goldmacher, 2021).

Beides sind Beispiele von wirkungsvollen, handwerklich perfekten Testing-Strategien, die ethisch durchaus diskutabel sind. Ich möchte Ihnen anhand dieser Einzelfälle auch die Gefahren und die Risiken einer sich zunehmend selbstoptimierenden und permanent testenden Welt vor Augen führen.

Moralisch unbedenklich angewandt, werden jedoch Sie und Ihre Nutzer viel Spaß und Erfolg beim Thema A/B-Testing haben. Dies wünsche ich Ihnen von Herzen. Mögen Ihnen die erfolgreichen Testideen nie ausgehen!

Literatur

Goldmacher, S. (2021). How Trump steered supporters into unwitting donations. The New York Times. https://www.nytimes.com/2021/04/03/us/politics/trump-donations.html?referringSource=articleShare. Zugegriffen: 26. Mai 2021.

Kramer, A. D. I. (2014). Experimental evidence of massive-scale emotional contagion through social networks. PNAS. https://www.pnas.org/content/111/24/8788. Zugegriffen: 26. Mai 2021.

Danksagung

Beim Text muss sich einer quälen, der Absender oder der Empfänger. Besser ist, der Absender quält sich. (Wolf Schneider, Journalist und Autor)

Ich hoffe, Ihnen als Leser hat es ähnlich viel Freude bereitet, dieses Buch zu lesen, wie es mir als Autor Freude bereitet hat, es zu schreiben. Als passionierter Marathonläufer weiß ich natürlich, dass Dinge, die Spaß machen, durchaus ab und an Qual bereiten können. All das Wissen der letzten sieben Jahre meiner Tätigkeit im A/B-Testing zusammenzutragen war eine große Aufgabe, die ich ohne die Unterstützung meiner Mitarbeiter bei Kameleoon und Conversion Maker so nicht geschafft hätte. Insbesondere möchte ich an dieser Stelle meinen Kollegen und Kolleginnen Christoph Rottler, Thomas Kammerer, Jan Pertzborn, Yvonne Teufel, Marion Wenz und Katharina Feuerbacher danken, die mich unterstützt und mir den Rücken freigehalten haben. Selbstverständlich auch allen anderen dreißig Mitarbeitern, die mir jeden Tag das Gefühl geben, am richtigen Platz zu sein.

Da ich den Großteil meiner Schreibzeit in meiner Freizeit verbracht habe, möchte ich mich auch herzlich bei meiner Frau Anna und unseren Kindern Theodor und Ella bedanken. Sie mussten die

© Der/die Herausgeber bzw. der/die Autor(en), exklusiv lizenziert durch Springer Fachmedien Wiesbaden GmbH, ein Teil von Springer Nature 2021
M. Witzenleiter, *Quick Guide A/B Testing*, Quick Guide,
https://doi.org/10.1007/978-3-658-34649-2

letzten Wochen leider auf viel Familienzeit verzichten. Wir holen die gemeinsame Freizeit nun ausgiebig nach.

Zudem möchte ich mich bei allen Kunden von Kameleoon und Conversion Maker bedanken, die uns die letzten sieben Jahre begleitet haben und hoffentlich lange weiter begleiten werden. Die tägliche Arbeit an gemeinsamen Projekten hat meine Leidenschaft für das Thema Testing von Tag zu Tag neu entfacht. Ohne Sie alle wäre meine Liebe zum A/B-Testing wohl für immer verborgen geblieben.

Darüber hinaus möchte ich mich auch bei Jean-René Boidron und Jean-Noël Rivasseau bedanken, die mir seit über sieben Jahren ihr Vertrauen für die deutschen Kunden von Kameleoon schenken.

Zu guter Letzt möchte ich auch Herrn Hobbeling und Herrn Padmanaban seitens des Springer Gabler Verlags danken, die mich während der Schreibzeit ausführlich unterstützt haben.

Glossar

A/B-Test: Wird häufig im weiteren Sinne als Synonym für die Durchführung von Variantentests bzw. für Experimente im Allgemeinen verwendet. A/B-Test bezeichnet im engeren Sinne ein Zufallsexperiment mit zwei Varianten „A" und „B".

A/B/n-Test: Steht für ein Experiment mit mehr als zwei Varianten, wobei n für eine beliebige Anzahl steht. Vergleiche dazu auch Multivariate Tests.

Benchmarking: Bezeichnet den Vergleich mit brancheneigenen oder branchenfremden Best Practices bzw. auch unternehmensinternen Vergleichen. Benchmarking wird im A/B-Testing vermehrt bei der Generierung von Testideen und der Hypothesenfindung eingesetzt.

Call-to-Action-Element (auch CTA genannt): CTA-Elemente stehen sinnbildlich für alle Interaktionselemente auf der Webseite, die zu Handlungen auffordern. Dies kann beispielsweise durch Buttons oder auch rein texlich durch Handlungsaufforderungen („Jetzt klicken!") erfolgen.

Click Rate (auch Click-Through Rate genannt): Die Click Rate ist das Verhältnis der User, die auf ein Element klicken in Bezug zu den gesamten Nutzern einer Seite oder Unterseite. Meist ist die Click Rate kein Key Performance Indicator. Die Click Rate stellt damit eher ein wichtiges Mikro-Conversion-Ziel für A/B-Tests dar.

Clickstream-Daten (auch Klickpfad genannt): ist eine detaillierte Analyse der Userpfade, die ein Nutzer durch die Webseite nimmt. Diese helfen, die Bewegungen des Users auf der Seite zu verstehen und Ansätze für Optimierungen zu identifizieren.

Client-side Testing: Bezeichnet die Durchführung von Tests im Client (in der Regel dem Browser des Kunden). Dabei wird die Testvariante erst bei Aufruf der Webseite im Client generiert und ausgesteuert. Vergleiche dazu auch: serverseitiges Testing.

Conversion Rate: Die Conversion Rate bezeichnet die Wandlungsrate der Besucher bezogen auf ein Hauptziel des A/B-Tests. Sie wird in Prozent ausgedrückt und spiegelt die Effizienz von Aktionen wieder. In A/B-Tests ist sie häufig eine Hauptmetrik bei der Erfolgsmessung (siehe auch KPI). Das kann zum Beispiel ein Kauf oder die Anmeldung sein.

Customer Journey: Diese sogenannte Kundenreise spiegelt die Kontaktpunkte (Touchpoints) des Users in Gänze bis zum Kauf oder einer Anmeldung wider. Damit gewährt sie einen umfassenden Einblick in den Entscheidungsprozess des Kunden und kann wichtige Ansatzpunkte zur Optimierung der Conversion Rate liefern.

Customer Success Manager: Meist seitens des Toolanbieters angestellte Mitarbeiter, die eine erfolgreiche Nutzung und Zielerreichung mit der verwendeten Software sicherstellen sollen. In der Regel reicht dabei das Aufgabenspektrum von Support bis umfassender Beratung.

DOM: Document Object Model, das in der Regel eine Vielzahl von APIs (Schnittstellen) beinhaltet, die bei A/B-Testing in der Regel über Javascript „manipuliert" werden. Dadurch lassen sich Varianten innerhalb der Website erzeugen und Tests mit diesen durchführen. Damit liefert die sogenannte „DOM-Manipulation" eine wichtige technische Grundlage zur Durchführung von clientseitigen Tests.

Downlift: Beschreibt eine negative Differenz der Conversion Rate zwischen der Referenzversion oder dem Original und den zu testenden Varianten. Sie ist ein Indikator dafür, dass die Testvariante schlechter funktioniert als das Original.

DSGVO (auch DS-GVO): Die Datenschutz-Grundverordnung ist eine wichtige europäische Verordnung zur Verarbeitung personenbezogener Daten. A/B-Tests erfordern in der Regel die Verarbeitung personenbezogener (Tracking-)Daten und benötigen daher eine Einwilligung des Nutzers, bevor diese ausgespielt werden können.

Event: Ein Event steht für eine bestimmte Interaktion und Aktivität des Users auf der Seite, z. B. ein Klick oder Download etc., und dient häufig als Unterziel (Mikro-Conversion) innerhalb eines Tests.

Falsifizierung (auch Falsifikation): Diese bezeichnet innerhalb von A/B-Tests die Widerlegung der aufgestellten (Ursprungs-) Hypothese für einen Test.

Flicker-Effekt: Bezeichnet das „Flackern" von Elementen, die im Rahmen von A/B-Tests verändert werden. Der Flicker-Effekt tritt in der Regel dann auf, wenn die Seite bereits vollständig oder teilweise geladen ist und die Veränderung dann über – in der Regel – Javascript ausgespielt wird.

Framework: Ist ein Gedankenmodell oder Analysetool, das ein vereinfachtes Gesamtbild durch die Darstellung einer oder mehrerer Teilbereiche, Variationen und Kontexte darstellen soll.

Funnel: Diese auch Verkaufstrichter genannte visuelle Darstellung dient dazu, trichterförmig die verschiedenen Schritte potenzieller Kunden bis hin zum erfolgreichen Abschluss eines Geschäfts darzustellen.

HIPPO: Steht als Abkürzung für die „Highest Paid Person's Opinion", also die Meinung des Entscheiders in einer Organisation. Im Rahmen von A/B-Tests gilt es, diese Meinung durch eine sinnvolle Testkultur als alleinige Entscheidungsbasis abzulösen und die Entscheidung vielmehr auf Basis von Daten und Testergebnissen zu treffen. Dennoch ist es wichtig, den Entscheider in Form eines wichtigen Stakeholders mit in das A/B-Testing-Projekt und damit in die Testing-Kultur zu integrieren.

Hypothese: Diese bezeichnet eine überprüfbare Annahme, die es im Rahmen eines A/B-Tests zu verifizieren, zu bestätigen, bzw. zu falsifizieren, zu widerlegen, gilt.

Improvement Rate: Diese Steigerungsrate misst die prozentuale Verbesserung der Kernmetrik, was in der Regel eine Steigerung der Conversion Rate entspricht. Bei einer Steigerung spricht man daher auch von einem Improvement. (Vergleich dazu auch: Downlift)

Incentive: Im Rahmen der Conversion-Optimierung kann es einen positiven Effekt haben, bestimmte Geschenke und überraschende Vorteile für den Nutzer bereitzuhalten, die seine Erwartungshaltung übertreffen und so für einen positiven Effekt auf sein Verhalten sorgen. Dies können zum Beispiel Rabatte, Gutscheine, Gratisprodukte oder eine Gratislieferung sein.

KI (auch K. I.): Abkürzung für künstliche Intelligenz. Auf Englisch: AI (Artificial Intelligence). Diese dient dazu, bestimmte Entscheidungsstrukturen bzw. Denkprozesse des Menschen nachzubilden. Künstliche Intelligenz kommt im Rahmen des A/B-Testings in den Bereichen: Auswertung, Targeting und Umsetzung zum Tragen.

Kohorten: In der Soziologie spricht man bei Kohorten in der Regel von Personen, die ein längerfristig prägendes Erlebnis teilen. Im Rahmen von A/B-Tests kommen Kohorten meist im Zusammenhang mit der Analyse der Wiederkehr- und Wiederkaufrate vor. Dabei wird untersucht, welches „prägende Erlebnis" – in der Regel eine Hauptmetrik – welchen Einfluss auf das „Treueverhalten" der Nutzer hat.

Konfidenzlevel (auch: Konfidenzintervall): Beim Konfidenzlevel spricht man häufig auch vom Erwartungsbereich. Das Konfidenzintervall gibt den Bereich an, der mit einer gewissen Wahrscheinlichkeit (dem Konfidenzniveau) die Verteilung einer Zufallsvariable einschließt.

KPI: Key Performance Indicators (kurz: KPI) sind Hauptmetriken, die den Unternehmenserfolg messen sollen oder Unterkennzahlen abbilden, die einen unmittelbaren Einfluss auf diesen haben. Zum Beispiel sind typische KPI von A/B-Tests: Conversion Rate, Umsatz, Bestellungen etc. …

Makro-Conversion: Hiervon spricht man, wenn unmittelbare Hauptziele des Unternehmens/der Webseite mit einem A/B-Test erreicht werden. Zum Beispiel: Kauf, Bestellung, Abschluss eines Abonnements etc.

Mikro-Conversion: Diese auch als Sekundärmetrik bezeichnete Kennzahl bezeichnet die Erreichung von Etappenzielen eines Hauptprozesses (z. B. Erreichung eines Unterschritts des Kaufprozesses). Sie sind hilfreich, um messbare und dadurch optimierbare Zwischenziele abzuleiten und sinnvoll im Rahmen des Testings zu verwenden.

Multivariate Tests: Ein multivariater Test ist ein Test, der gleichzeitig mehrere Kombinationen von mehreren Variablen testet. Dadurch lässt sich im Rahmen eines Tests die beste Variablenkombination ermitteln und der Einfluss bestimmter Variablen untereinander ableiten. Multivariate Tests erlauben daher präzisere Aussagen über Interdependenzen, benötigen auf der Grundlage der Vielzahl an Varianten aber auch eine deutlich längere Testlaufzeit.

Persona: Eine Persona (auch User Persona, Customer Persona, Buyer Persona) ist ein fiktiver Charakter, der erstellt wird, um einen plastischen Eindruck von einem Benutzertyp zu erlangen, der eine Webseite, eine Marke oder ein Produkt in ähnlicher Weise nutzen könnte.

Product Recommendations: Eine Produktempfehlung ist im Grunde ein Filtersystem, das versucht, die Artikel, die ein Benutzer kaufen möchte, vorherzusagen und anzuzeigen. Es gibt eine Vielzahl von Anbietern im Markt, die über regel- oder algorithmenbasierte Empfehlungen versuchen, die Bestellrate sowie den Umsatz pro Kunde zu steigern.

ROPO-Effekt: Dieser „Research Online, Purchase Offline"-Effekt, beschreibt den Prozess, dass User sich online informieren und offline einkaufen. Er wird zunehmend aber auch umgekehrt verwendet und dient dazu, Userverhalten über mehrere Kanäle hinweg zu beschreiben und zu erklären.

Segmentation: Unter Segmentation oder Segmentierung versteht man die Einteilung der gesamten Kunden- oder Nutzermenge in Interessenten- oder Nutzergruppen die definierbar, zugänglich, umsetzbar und profitabel sind und ein Wachstumspotenzial haben.

Serverseitiges Testing: Von serverseitigem Testing spricht man, wenn die Veränderungen und die Zuordnungen zu Varianten in einem A/B-Test nicht im Browser des Kunden stattfinden, sondern bereits bei der Auslieferung durch den Server entschieden wird, welche Variante der Webseite, App etc. der Nutzer sieht.

Split-URL-Test: Von einem Split-URL-Test spricht man, wenn die zu testenden Variablen unterschiedliche URLs besitzen und die User entweder server- oder clientseitig auf diese (Unter-)Seiten weitergeleitet werden. Dies ist die einfachste Form eines A/B-Tests, findet aber selten Anwendung, da Split-URL-Tests negative Auswirkungen auf die Suchmaschinenoptimierung haben können.

Targeting: Von Targeting spricht man, wenn A/B-Tests nicht an alle Nutzer, sondern nur an bestimmte Nutzergruppen ausgesteuert werden. Zum Beispiel, indem die Stichprobe reduziert und Nutzer ausgeschlossen werden oder der A/B-Test nur an bestimmte Nutzersegmente (z. B. neue Nutzer, regionale Nutzer etc.) ausgespielt wird.

Testpower: Die Testpower wird auch Trennschärfe oder Sensitivität genannt und gibt die Fähigkeit eines Tests an, Unterschiede (Effekte) zu erkennen, wenn sie in Wirklichkeit vorhanden sind. Beim A/B-Testing sollte die Testpower mindestens 80 % betragen.

Touchpoints: Allgemein sind Touchpoints „Orte" bzw. Momente, an denen Personen mit Produkten, Unternehmen oder Marken in Berührung kommen. Im Rahmen von A/B-Tests bezeichnen Touchpoints häufig einzelne Schritte der Customer Journey, an denen man bei der Optimierung ansetzen möchte.

Traffic: Der Traffic beschreibt allgemein die Besuchermenge einer Webseite oder App. Innerhalb eines A/B-Tests bezeichnet der Traffic die Stichprobengröße innerhalb des gesamten Tests oder einzelner Varianten.

Trial-and-Error: Diese auch als „Versuch und Irrtum" bekannte Forschungs-
methode ist gekennzeichnet durch wiederholte, abwechslungsreiche Ver-
suche, die so lange fortgesetzt werden, bis der Erfolg eintritt oder bis der
Übende aufhört zu probieren. Der A/B-Testing-Zyklus ist ein klassisches
Beispiel des Trial-and-Error-Prinzips.

Uplift: Der Uplift, auch Improvement genannt, misst die Steigerung einer
Kennzahl, die durch einen A/B-Test generiert wird. Er ist damit das Gegen-
teil des bereits beschriebenen Downlifts.

User Experience (UX): Nach Jakob Nielsen umfasst die User Experience alle
Aspekte der Interaktion des Endbenutzers mit dem Unternehmen, seinen
Dienstleistungen und seinen Produkten. Die Verbesserung des Nutzererleb-
nisses kann daher ein wichtiger Aspekt des A/B-Testings sein.

Usability: Die Usability ist ein Unterpunkt der User Experience und lässt
sich laut ISO 9241 als Effektivität, Effizienz und Zufriedenheit, mit
der bestimmte Benutzer bestimmte Ziele in bestimmten Umgebungen
erreichen, definieren. Die Usability ist häufig eine Stellschraube zur
Optimierung der Conversion Rate, jedoch nicht Haupteinflussfaktor zur
Veränderung von Nutzerverhalten.

Web Analytics: Die Webanalysedaten bilden eine wichtige Grundlage zur
Identifikation von Optimierungspotenzialen, genauso wie ihre spätere
Messung im Rahmen von A/B-Tests. Klassische Webanalysesysteme wie
Google Analytics oder Mixpanel dienen dazu, das Verhalten der User auf
der Webseite in mess- und auswertbare Kennzahlen zu verwandeln. Im
Rahmen einer datengetriebenen Unternehmenskultur spielen sie neben dem
A/B-Testing eine essenzielle Rolle.